Trend 트랜드 1년후 10년후

Trend 트랜드 1년후 10년후

초 판 1쇄 2013년 4월 25일

지은이 박상전
발행처 비전북
등 록 2011년 2월 22일 제396-2011-000038호
주 소 경기도 고양시 일산서구 송산로 499-10(덕이동)
이메일 visionbooks@hanmail.net
공급처 (주)비전북 031-907-3927

정 가 12,000원

ISBN 978-89-966495-9-5(03320)

Trend 트랜드 1년후 10년후

박상전 지음

비전북

책을 펴내며

역사는 반복성있기 때문에 중요하다. 한치 앞도 볼 수 없는 미래지만 과거의 행보를 재조명하면 우리가 미래를 조금이나마 전망할 수 있는 것도 이때문이다.

이 책을 기획하게 된 의도가 바로 여기에 있다. 새로운 정부가 들어서고 격변의 시대가 예상되는 가운데 올해 경제 전망이 어떨지 관심사가 아닐 수 없다. 필자는 그런 관심사에 대한 해답을 지난해 경제 상황 속에서 길을 찾으려 했다. 지난해 우리경제에 드러났던 경제 이슈를 다시 한번 재조명하고 심도 깊게 이해하게 된다면 반드시 올해 경제에 새롭게 눈이 떠질 수 있다고 확신한다.

이 책은 필자의 처녀작이다. 경제학을 전공한 것도 아니고, 경제부처 출입도 그리 오래지 않다. 1년간에 걸친 나름의 경제트랜드 분석이기에 허점도 있을 수 있다. 이에 따른 비판도 자연스럽게 감수해야 하는 것도 알고 있다.

원고를 준비 하면서 '굳이 책을 써야 할까?' 라는 자문을 수차례 했다.

하지만 '대상의 범위를 넓히는 것이 지식이고, 대상의 깊이를 이해하는 것이 지혜이자 철학' 이라는 말을 듣고 힘을 얻었다. 대상의 범위와 깊이를 모두 해설하기는 쉽지 않다. 기자는 현상을 바라보고 있는 힘을 다해 분석하고 전달하는 역할을 한다. 이 책을 통해 대상의 깊이까지 알게 된다면 더 없이 좋겠지만 그럴수 없다는 것을 안다. 그렇다면 범위만이라도 넓혀 힘이 됐으면 하는 바람이다.

이 책은 최근 우리 경제 전반에 드러났던 핵심 트랜드들을 재조명했다. 경제위기와 그 가운데서도 불황을 이겨낸 수많은 경제트랜드가 실려 있다. 세종시와 지방 경제에 관한 분석도 있다. 올 하반기 이후 어떻게 우리 경제를 전망해야 하는지 최근의 경제 기류를 통해 전망하길 바란다. 경제에 관심 있고, 어떻게 향후 경제 상황을 대비해야 할지 궁리하는 독자들에게 미력이나마 도움이 됐으면 하는 바람이다.

2013. 4. 20
세종 청사 기자실에서

목차

· 본문 ·

제1장 위기의 경제

···심화되는 불황

···초양극화 시대

···가계부채 1천조원 시대

···엔저공습

···빚 공화국

···3월 경제 한파

목차

제2장 뜨는 산업

추천글

이병석 국회 부의장

저자 박상전은 기자다. 대부분의 삶을 기자로 살아왔다.

기자로 살면서 국민을 외면하는 정치에 쓴 소리로 말하고 사회적 불의에 눈물을 흘리기도 했다. 진지하지만 해맑고, 엄숙하지만 천진한 미소를 잃지 않는 그는, 늘 우리와 가까이 있다. 모든 이들의 '벗'이 되고 싶어 하고, 서민들의 소박한 그릇 이고자 하며 세상을 밝게 비추는 작은 '등불'이고자 애쓰는 사람이다.

그런 그가 책을 보내왔다. 처음 책을 접하고선 단숨에 읽었다. 이 책은 경제를 말하면서도 그 속에 사람과 대한민국을 담고 있다. '허니문 푸어'에서 시작해 '실버푸어'로 마감하는 삶을 살면서, 희망을 잃어가고 있는 현대인에게 반복되는 악순환의 길을 끊으라고 이야기 한다. 현재를 알고 미래를 대비한다면 '새로운 희망'이 싹틀 수 있다고 말한다. 현대인의 삶에 대한 애정이 담긴 명쾌한 진단이다.

더불어 경제의 변화 이면을 깊숙이 파고들어 단순한 분석이나 암시를 뛰어넘어 정확한 수치와 합리적인 근거를 바탕으로 국 · 내외 경제가 직면한 위험과 기회를 명확하게 설명하고 있다. 다가오는 미래에는 어떤 산업이 성장하고 부상할 것인지, 어떤 국가가 경제적 위험에 직면할 것인지, 성공적인 투자 분야는 무엇인지에 대해 날카로운 통찰력으로 풀어 보여주고 있다.

사람들은 경제와 금융이 우리 생활에서 뗄레야 뗄 수 없다는 것을 알면서도 어려운 용어 탓에 손을 뻗기를 주저한다. 이 책의 미덕은 누구나 읽을 수 있는 언어로 말하고 있어 친근하지 않은 경제와 금융에 친근하게 다가 갈수 있도록 해주고 있다는 점일 것이다.

이 책의 제목처럼, '어떻게 살아야 할까? 어떤 미래가 펼쳐질까?' 끝없이 묻는 현대인에게 답을 주는 방향타가 될 것이다.

추천글

권혁세 전 금융감독원장

필자가 금융감독원장으로 부임해 근무한 기간은 2013년 3월까지 2년여이다.

그동안 필자는 금융취약 계층의 금융애로 해소를 위해 전국의 여러 대학교 캠퍼스, 중소기업공단, 군부대, 재래시장 등에 수 십 차례 방문해 현장의 목소리를 청취한 바 있다.

이런 과정을 통해 절실히 깨달은 것은 금융에 대해 잘 아는 똑똑한 소비자(smart consumer)가 많아져야 우리나라 금융 산업도 발전할 수 있다는 사실이다.

금융소비자가 금융기관을 선택할 때 금리수수료 뿐 아니라 금융상품 설명의무를 잘 이행하는지, 금융 처리는 공정한지, 고객에 대한 적합성을 그려해 상품을 권유 하는 지 등을 꼼꼼히 따질 수 있다면, 금융기관은 그에 걸맞는 보다 정교한 전략과 우수한 금융상품을 개발할 수밖에 없게 된다.

결국 금융소비자의 금융이해력과 감시 수준이 높아지면서 자연스럽게 금융기관의 경쟁력도 동반 상승하는 효과가 나타나는 것이다. 우리 국민들은 그동안 외환위기와 글로벌 금융위기, 경제침체 등을 겪으면서 경제금융사회 문제에 대한 관심과 이해력이 향상돼 왔다. 하지만 아직도 일상에 바쁜 대다수 국민들에게 매일 새롭게 나타나는 신조어와 복잡한 경제현상은 어렵고 낯설게만 느껴지는 것이 현실이다.

이 책은 지난 1년 동안 우리 경제사에서 이슈 됐던 거의 모든 현상과 문제에 대해 기자의 시각으로 냉철하면서도 알기 쉽게 해설돼 있다. 가계부채 문제, 하우스푸어, 경제양극화, 환율정책, 지역경제와 같은 흥미로운 주제도 다양하게 다루고 있어 지루하지가 않다.

아무쪼록 이 책이 시사문제에 관한 현실 감각과 상식을 넓히고자 노력하는 대학생과 일반 독자들에게 많은 도움이 되어 똑똑한 경제주체가 되는 계기가 되길 기대해 본다.

추천글

김태환 국회 행정자치위원장

올해 세계 각국 경제 상황에 대한 경제 전문기관들의 전망이 긍정적 신호로 바뀌고 있지만, 우리나라의 경제에 대한 전망은 여전히 어두운 실정이다.

세계 3대 신용평가사인 무디스도 세계 경제의 하방위험은 감소했다고 평하면서도, 우리나라의 위험성은 커졌다고 지적했다.

이러한 대한민국 경제의 위기 속에, 이 책은 선제적인 대처방안을 명확히 제시하고 있다.

또한, 반복되는 경제 상황을 토대로, 다가올 위기를 예측하고 발빠른 변화를 통해 위기를 기회로 바꿔낸 성공사례까지 친절하게 설명해주고 있다.

특히, 경제위기가 사회를 어떻게 변화시키는지, 정부와 지자체의 경제인식이 어떠한 문제점을 안고 있는지 알고 싶다면 이 책은 반드시 읽어보라 권하고 싶다.

본인은 2004년 정계에 입문한 당시부터 기자로 활동하던 저자를 알고 지켜봐왔다. 저자는 국회에서 청와대로, 다시 행정부에서 일하며 누구보다 폭넓은 경험과 지식을 함양하고 있다.

이 책이 어려운 경제를 쉽게 이해할 수 있는 애독서로 사랑받기를 희망하며, 추천서를 쓸 수 있음에 감사드린다.

제1장
위기의 경제

경기침체 장기화가 기정사실화되고 있다. 이 같은 기류는 2년 전 부터 이미 감지됐다.
가계부채 급증과 경제 성장 둔화, 실업 등 사회 곳곳에 검은 그림자가 짙게 깔린 기간이었다.
최근에는 환율 악화로 수출에도 적신호. 2011년부터 최근까지 우리경제를 진단해 본다.

심화되는 불황

......

사회 곳곳에서 불황의 그림자가 드리운 지난해였다.
카드 연체가 늘고 주택가격 하락세는 멈추지 않았다.
경기 불황은 고소득자의 표상이던 의사 · 변호사들이라고 봐주지 않았다.
립스틱 효과가 나타나는 시기이기도 했다.

......

■ 경제 곳곳에 드리운 검은 그림자

정부는 지난 2012년 '9 · 10 경제 활성화 대책'을 발표했다. 세금을 대폭 낮춰 내수를 활성화 시키겠다는 복안이었다. 하지만 4월 11일 한국은행 발표에 따르면 2013년 한해 경제 성장률 2%대가 점점 현실화 되고 있다. 수출은 줄고, 물가가 다시 고개를 들고 있다. 안팎으로 우리 경제의 목줄이 조여지고 있는 상황이다.

정부의 지난해 성장 목표치는 3.3%였다. 그러나 10개 해외 투자은행의 7월 전망치 평균은 2.9%에 불과했다. 한국의 신용등급을 올렸던 무디스조차 2.5% 성장을 예고했다. 성장률이 1%포인트 낮아지면 일자리 6만~7만 개가 날아간다.

먼저 내수가 바닥을 쳤다. 소비자들이 좀처럼 지갑을 열지 않아 소비 부진이 장기화되고 있는 가운데 백화점과 대형마트 매출, 국산차 판매가 전년 같은 기간에 비해 모두 감소한 것으로 조사됐다. 유통업과 자동차 분야는 정부가 내수 소비 흐름을 파악하기 위해 모니터링 하는 주요 산업으로 6월부터 8월까지 석 달 연속 감소세를 보였다.

소비심리도 악화됐다. 2012년 8월 소비자심리지수는 석 달 내리 떨어져 99를 기록했다. 1월 이후 처음 100 아래로 떨어진 것으로, 이 지수가 100 이하면 향후 소비 상황이 나빠질 것으로 보는 소비자가 그렇지 않은 소비자보다 많다는 것을 의미한다.

경제가 악화되자 카드 연체가 금융위기 이후 최고 수준을 보였다. 금융감독원에 따르면 7개 전업카드사의 지난해 2분기 총채권 실질연체율이 2.74%로 전분기 대비 0.06%p 올랐다. 3%에 육박하는 연체율은 세계 금융위기 당시인 지난 2008년 말(4.12%) 이후 최고 수준이다.

수중에 돈이 없는 사람들은 일단 신용카드로 연명하는 분위기다. 지난해 2분기 카드구매 이용실적이 119조7천억 원으로 전분기 대비 5.6%(6조3천억 원) 증가한 것. 체크카드 이용실적도 20조8천억 원으로 전분기보다 8.3%(1조6천억 원) 늘었다.

은행들은 대출을 꺼렸다. 카드대출 실적이 크게 감소한 것. 2분기 은행의 카드대출 실적은 25조원으로 전년 동기 대비 7.4%(2조원) 줄었다. 1

분기에 비해서도 2천억 원 감소한 것. 지난 6월말 현재 신용카드와 체크카드 발급 수는 총 2억1226만장으로 지난해 말 대비 334만장(1.6%) 증가했다. 신용카드 회원 수는 현재 8천500만 명에 육박하는 등 '돌려막기'를 해야 하는 서민들에 의해 신규 카드 발급은 꾸준히 늘고 있는 추세다.

이런 상황에서 서민들은 주택 가격 하락도 골칫거리다. 특히 부채를 안고 산 집이라던 부채 보다 집값이 더 하락하지 않을까 라는 걱정 때문에 잠 못 이루는 집이 한둘이 아니다.

호전된다고 장담할 수 없는 상황이 더 큰 문제이다. 주택 시장을 결정하는 요소 가운데 하나인 건설시장의 불황이 깊어지고 있기 때문이다. 증시에 상장된 건설사의 42%가 상반기 적자를 기록해 건설 경기 적신호를 예고했다. 지난해 초 한국거래소 등에 따르면 유가증권시장에 상장된 건설사 33개 중 42.4%인 14곳이 상반기 순손실을 기록했다. 특히 워크아웃이나 법정관리 진행 중인 업체가 큰 타격을 입은 것으로 나타났다. 상반기 순이익을 낸 19개사 중 전년 동기대비 실적이 개선된 기업은 8개사에 그쳤으며 동부건설, 성지건설 등은 올 상반기 순이익이 무려 전년 동기 대비 87.68%, 84.42% 각각 감소했다.

문제는 이들 건설업체의 사정이 올해에도 크게 개선될 기미가 보이지 않는다는 점이다. 금융 회사들의 주요 분석 결과 대형건설사 가운데 대부분 업체의 경기가 전년보다 크게 나아질 것이 없는 것으로 나타났기 때문이다.

▌의사도 파산하는 시대

경기 침체의 골은 의사·변호사·한의사·회계사와 같은 전문직들도 피해 갈 수 없었다. 매년 수천 명씩 새로운 자격증을 받고 쏟아져 나오는데다 서민 지갑까지 얼어붙어 벼랑 끝으로 내몰리는 상황에서 고소득층의 경제 사정도 서민과 크게 다르지 않게 됐다.

우선 전문직 파산이 크게 늘어난 점이 주목된다. 2009년 이후 지난해까지 서울중앙지법에 일반회생(채무재조정 절차의 일종으로 파산 등으로 사업자 소멸 후 다시 한 번 회생할 수 있게 하는 제도)을 신청한 742명의 직업을 분류한 결과, 47%에 해당하는 348명이 의사·변호사·치과의사·한의사·약사였던 것으로 조사됐다.

일반회생을 신청한 전문직은 글로벌 금융위기가 진행되던 2009년 93명이었다가 2010년 82명으로 줄었지만 2011년엔 107명으로 늘어났다.

전문직을 찾는 고객들도 현저히 줄어들었다. 최근까지 개인 병원을 운영하는 의사들은 한 목소리로 "경기가 나쁘다 보니 환자들이 미용이나 건강 유지처럼 당장 필요하지 않은 진료는 덜 찾는다"라고 전한다. 빚을 내 개인 병원을 개업한 의사의 10% 이상이 신용불량자라는 말도 업계에서 심심찮게 나돈다.

은행들도 전문직들에게 예전처럼 마냥 돈을 빌려주지 않는다. 한 시중은행의 경우 의사 전용 상품인 '닥터클럽'의 대출액을 지난해에는 2년 전에 비해 무려 3천억 원이나 줄었다. 이유는 단 한 가지, 전문직들의 신용도가 예전만 못하다는 것이다.

변호사와 회계사 중에서는 아예 자격증을 장롱 속에 넣어두고 정부기관이나 기업체에서 다른 일을 하며 살아가는 사람들도 늘고 있다. 2004년 휴업 변호사는 전체의 8.6%인 592명이었지만, 지난해에는 17.6%인 2천507명에 달했다. 회계사 역시 같은 기간 휴업자가 1천753명(24.5%)에서 4천880명(32.6%)으로 증가했다.

'빅4'라고 불리는 4개 대형 회계법인도 컨설팅 분야 매출이 2010년 4천417억 원에서 2011년 3천926억 원으로 1년 사이 11% 급감했다. 그 결과 영업 압박이 심해지고 연봉이 오르지 않아 회계법인을 떠나는 젊은 회계사들의 행렬이 이어졌다. 지난해 초 일부 공기업이 신입사원 자격으로 회계사를 공채 했을 때 경쟁률은 모두 10대 1을 넘었다.

▌립스틱 효과

위축된 소비 심리는 지난해 말까지 살아나지 않았다. 내수 소비 흐름을 보여주는 대표 지표인 백화점과 대형마트 매출은 지난 9월까지 4개월 연속 전년 같은 기간에 비해 감소했다. 반면 편의점과 일부 홈쇼핑 업체의 주가는 소폭 상승했는데 이는 저가 제품으로 눈길을 돌린 소비자들의 위축된 심리가 반영될 결과였다.

GS리테일은 지난해 10월 1일부터 26일까지 주가가 13.1% 올랐다. 29일에는 차익매물이 나오면서 4.1% 내린 3만2천750원을 기록했다. 많은 양을 한꺼번에 구매하기보다는 필요한 양을 필요할 때 구매하는 소규모 알뜰 소비 덕분으로 해석된다.

GS홈쇼핑의 선전도 돋보인다. GS홈쇼핑의 주가는 10월 한 달 동안 25.1% 올랐다. 판매단가가 비싼 보험가전제품 비중을 줄이고 불황에 강하고 수익성이 좋은 렌털·의류 사업에 집중한 것이 주가 상승에 도움이 됐다.

온라인 쇼핑몰의 선전도 주목할 만하다. 인터파크는 주력 사업인 온라인 쇼핑몰 실적이 호조를 보인 덕분에 10월 주가가 17.6% 뛰었다. 명품 위주의 백화점보단 저가 · 실속형 쇼핑족이 늘고 있다는 방증이다.

불황에는 맥주보다 싼 소주 · 막걸리가 잘 팔린다는 것이 식품업계의 통설이다. 그런데 불황이 길어지면서 막걸리도 불황 상품이 돼 버렸다. 좀 더 저렴하면서도 빨리 취하는 소비자가 소주 쪽으로 몰렸기 때문이다. 실제 소주 업체 주가만 꾸준한 오름세인데 '참이슬'의 하이트진로 주가는 10월에만 24.4% 뛰었다.

화장품 업계를 보면 불황을 더 확실히 알 수 있다. 경기 침체로 소비가 줄면 여성들이 비싼 옷이나 액세서리를 사는 대신 상대적으로 비용이 저렴한 화장으로 미적 욕구를 채우려고 하기 때문에 화장품 매출은 오히려 늘어난다.

이를 '립스틱 효과'라고 부른다. 지난 해 말에는 이 같은 립스틱 효과가 두드러지게 나타났다. 화장품 주문자생산방식(OEM) 업체 코스맥스는 10월에만 17.7% 올랐다. 같은 기간 아모레퍼시픽의 주가는 6.1%, LG생활건강도 4.3% 올랐다. 값비싼 화장품에 대한 수요가 줄어든 반면 이 자리를 중저가 브랜드가 대체하는 흐름이 뚜렷하게 나타나고 있다는 게 전문가들의 설명이다.

초양극화 시대

......

경제 불황이 심화되자 중산층이 붕괴하고 있다.
중산층의 붕괴는 부자와 가난한 사람으로 사회를 양분화 한다.
이것이 소비트렌드에 그대로 반영되는데 아주 비싸거나 저렴한 물건만이 살아남는다.

......

■ 극과 극으로 갈린 소비 행태

대기업에 근무하는 39살 동갑내기 강 모 씨와 황 모 씨의 급여 수준은 비슷하다. 하지만 신고 있는 구두를 보면 강 씨의 경우 이탈리아 명품 'P' 사 제품을 신고 있는 반면 황 씨는 동대문에서 파는 저가 제품이다. 강 씨는 오래 사용해 본전을 뽑는다는 심산이고, 황 씨는 싼 제품만 사고 본다는 계산이다. 두 사람은 경제활동 면에서 극과 극을 보이지만 '경제성' 이란 대명제에는 공감하고 있는 셈이다.

경제 위기가 소비시장 판도를 뒤집어 놓고 있다. 예전에는 중산층이 사용하는 중간 가격대 제품이 주류였다면 요즘은 저가와 고가 제품이 함께 소비되는 패턴으로 바뀌고 있다. 소비시장의 유형이 '역 U' 자에서 'U' 자형으로 재편되고 있는 셈이다.

이 같은 이유는 경기불황이 심화되면서 저성장기조가 계속되는 심리적 경기위축 상황과 깊은 함수관계가 있다.

일반적으로 투자수익률이 낮아지면 향후 자신의 손에 쥐어질 봉투가 얇아질 것이란 심리가 소비를 급격하게 위축시킨다. 미래에 대한 부담이 소비자들의 주머니를 닫게 하고 저가 제품에 눈을 돌리게 하는 것이다.

저가소비와 더불어 정반대의 현상도 함께 나타난다. 자산이 크게 늘지 못한다는 생각이 고착화될 경우 '무조건 안 쓰는 것만이 능사는 아니다'는 인식을 불러온다. 무조건 모으는 데만 집중하지 않고 자신에게 과감히 투자하는 성향도 성행한다는 것이다. 실제로 최근 20대 회사원들은 주택 구입보다는 외국어 학습, 여행 등 자기계발에 대부분의 수입을 투자하는 성향을 보이고 있다.

이 같은 양극화 소비 행태는 2013년들어 더욱 심화될 추세다. 경제활동 곳곳에서 양극화를 넘어 초(超)양극화 소비 행태도 어렵지 않게 찾아볼 수 있다.

생필품 매출액이 많은 대형마트의 매출이 최근 크게 줄어들었다고 한다. 국내 3대 유통업체의 매출 동향을 분석한 결과 지난 해 대형마트 판매액은 전년도와 비교해 1.9% 감소했다. 고(高)유가와 고물가가 주요인이다. 대형마트에서 이탈한 소비자는 더 싼 곳으로 이동한 것으로 분석됐다. 저가 소비재를 전문으로 판매하는 '다이소' 의 경우 2006년 1천50억 원에 불과하던 매출액이 2010년 4천600억 원으로 급성장한 점이 이를 방증하고 있다.

고가품 소비시장도 저가품의 성장과 더불어 커지고 있다. 백화점 매출의 경우 2011년 5월에 이어 6월에 10%가 넘는 매출 증가율을 보이면서 최대의 호황을 보였다. 이 가운데 명품매장은 지난해 같은 기간과 비교해 37.1%나 매출이 늘었다.

특히 지방의 경우 해외 명품이 지난해 같은 기간보다 55% 늘어 수도권(37%)은 물론 전체 명품 매출 신장률(44%)을 웃도는 현상을 보였다. 명품소비 증가세는 오히려 경기가 어려운 지방에서 오히려 두드러진 점도 눈길을 끌었다.(롯데백화점의 2011년 여름 정기세일 일평균 매출 분석 결과)

자동차 소비에서도 양극화 현상이 뚜렷하다. 국내 자동차 시장에서 경차와 대형차 판매가 크게 늘었지만 소형차와 중형차의 판매는 감소하거나 주춤했다. 지난 해 상반기 판매 차량 중 중형차 비중은 19.4%로 지난해 25.6%에 비해 크게 감소했다. 중형차 수요층 가운데 여유 있는 소비층은 준대형차로, 고유가가 부담스러운 사람들은 준중형차나 소형차로 소비 패턴을 바꿨기 때문이다.

소비의 양극화는 국내뿐만 아니라 세계적인 추세다. 미국의 경우 금융

위기 이전에 비해 여전히 소비심리가 위축된 상태지만 연간 9만 달러 이상의 고소득층은 2008년 소비 수준의 80%까지 회복했다. 반면 9만 달러 미만의 중간소득층은 65% 정도 회복하는 데 그쳤다. 고소득층은 어느 정도 살만해졌으나 중저소득층은 여전히 고통스러운 국면에서 벗어나지 못하고 있다는 것을 의미한다.

중국은 세계 2위의 경제대국이 되면서 빈부격차가 극대화되고 소비의 양극화도 심화되고 있는 대표적인 국가가 되었다. 공공주택 건설, 최저임금 인상 등 중국 정부의 노력은 2005년 전체 인구의 67%에 달했던 생계유지형 가구(GDP 2천500달러 미만) 비중을 5년 만에 17%로 뚝 떨어뜨렸다.

생계유지형에서 벗어난 가구는 이제 저가품 위주의 소비 활동에 돌입했다. 이와 함께 중국 내 명품 소비 규모가 지난해 100억 달러를 넘으면서 전 세계 시장의 4분의 1을 차지하는 등 고소득층 고가형 소비도 빠르게 증가하고 있다.

시장이 초양극화 소비행태로 재편되면서 중간 가격대의 상품을 판매하는 회사는 직격탄을 맞고 있다.

휴대폰 시장에서도 스마트폰 시대가 열리면서 피처폰(스마트폰보다 낮은 연산 능력을 가진 휴대전화) 시장이 사라질 것으로 전망됐다. 실제로 스마트폰 수요 전망에 따르면 2013년까지 스마트폰이 전체 휴대폰 시장의 57%를 석권하면서 피처폰의 비중은 급속도로 위축되고 있다.

하지만 피처폰 가운데 저가폰의 비중은 크게 늘어날 것이라는 분석도 있다. 고가의 스마트폰과 통화 중심의 저가폰으로 시장이 양분되면서 중간 가격대의 제품 수요가 감소하는 패턴을 보이고 있기 때문이다.

판매자와 소비자 모두 레이딩다운(하향조정)할지, 트레이딩 업(상향조정)할지 여부를 결정하는 것이 선택이 아닌 필수가 돼 버린 시대다.

■ 소비 양극화 시대에 살아남으려면…

초저가와 초고가로 양극화되고 있는 소비 시장 변화에 소비자들은 어떻게 대처해야 할까.

전문가들은 다음과 같은 세 가지 요령을 제시하고 있다.

첫째, 소비 행위에 가치를 부여하라. 소비자 계층에 따라 가격이나 체면 중에서 하나쯤은 남겨 줘야 한다는 뜻이다. 1천원 숍 '다이소'의 경우 양질의 제품 공급과 9만여 개에 이르는 상품의 다양성을 확보함으로써 쇼핑의 즐거움을 선사했다. 다이소는 대형 마트 보다 싼 제품을 갖추고 있을 뿐만 아니라 '즐거운 쇼핑'이란 심리적 위안까지 동시에 서비스하고 있는 셈이다.

명품으로 꼽히는 '루이비통'의 경우 VIP 개인 취향을 파악, 스페셜오더 서비스를 비롯해 구매 예약 서비스, 퍼스널 키 서비스, 이름을 새겨

주는 이니셜 서비스 등을 통해 차별화된 서비스를 제공하고 있다.

둘째, 트렌드를 정확히 분석하라. 현재를 정확히 분석해야 미래시장을 예측하고 선도할 수 있다. 웰빙에 대한 인식을 단숨에 허물어 버리면서 등장한 '폭탄 버거'를 예로 들자. 이 햄버거의 탄생은 경기 불황 때 폭식과 과음이 유행한다는 한 학자의 주장으로부터 시작됐다. 경기가 좋을 때는 늘어나는 자산을 보면서 바쁜 일상에 빠질 수 있지만 경기가 침체되면 잠재돼있던 스트레스가 표출된다. 이 때 스트레스를 상쇄하기 위해 소비자들은 폭식으로 보상받으려 한다는 게 이 학자의 논리였다. '폭탄 버거'는 인터넷을 떠들썩하게 달구며 이제 인기상품으로 자리 잡고 있다. 금과옥조 같던 '웰빙'을 단숨에 부정해 버리며 새로운 시장을 창출한 셈이다.

마지막은 제품의 포지셔닝을 파악하고 이에 대한 스토리를 입히는 작업이다. 기업이든 자영업이든 주력 제품이 사치제품인지 생필품인지를 파악, 업그레이드하거나 다운 그레이드 하라는 것이다. 그리고 나서는 제품에 스토리를 삽입하는 것이 필요하다. 제품 개발 단계에서 부터 스토리를 만든 아이폰은 대박을 터뜨렸고, 그러지 못한 노키아는 내리막 성장을 하고 있다는 점을 기억하자.

〈라면경제학〉

지갑이 가벼워진 직장인들에게 한 끼 식사를 대신할 수 있는 대용식으로 라면만한게 없다. 봉지라면은 물론이고 용기면의 매출이 증가하고 있다. 최근 군인들이나 먹던 '뽀글이'가 시중에서 인기를 누리고 있다. '뽀글이'란 우동컵(가락국수를 담을 수 있는 종기 그릇)에 봉지 라면과 뜨거운 물을 넣고 전자레인지에 돌려먹는 것이다. 뽀글이 가격은 라면(1천원)에 용기(200원)를 더한 1천200원으로 분식집 가격과 비교하면 절반 이하 수준이다. 한 개에 1천원 가격대의 햇반을 함께 구입하더라도 식당에서 파는 라면보다 저렴해 직장인들의 '뽀글이' 수요는 폭발적으로 증가하고 있다.
라면에 대한 인식도 바뀌고 있다. 라면 그 자체는 대용식이지만 필수재로 인식하는 소비자가 많아졌기 때문이다. 이 같은 이유는 라면 회사들이 40년에 걸쳐 라면에 스토리를 주입시킨 결과다. 농심의 경우 회사명에도 스토리를 입혔다. '농부의 마음'이라는 뜻이다. 농심은 1970년대에 '형님 먼저, 아우 먼저'라는 광고카피로 큰 인기를 얻었는데, 이는 전래동화 '의좋은 형제'에서 모티브를 얻었다. 이런 광고를 통해 농심은 이촌향도(離村向都)가 본격화되면서 도시로 이주한 젊은이들의 정서를 파고 들었다.
'안성탕면'은 '안성공장에서 만들어진 한국인의 탕 문화를 이어받은 라면'이라는 뜻을 담고 있다. 1980년대 등장한 짜파게티는 자장면과 스파게티를 결합한 명칭으로 당시 스파게티가 고급 외국 음식으로 인식되고 있다는 점에서 착안된 제품명이다.
라면의 제왕으로 불릴 만큼 인기를 누리고 있는 '신라면'의 경우 2011년 한 해에만 4억5천여만 개가 팔렸다. 농심은 그 여세를 몰아 가격대를 높인 '신라면 블랙'을 출시했지만 시장의 반응은 시큰둥

했다. 비싸더라도 건강에 좋은 라면이라는 개념이 소비자들에게 어 필하지 못했기 때문이다. 라면은 건강에 나쁘더라도 먹고 싶은 음식 이자 간편식이란 소비자들의 뿌리깊은 인식을 간과한 것 아니냐는 지적을 받고 있다. 신라면의 아성에 도전하는 '꼬꼬면'의 경우 제품 개발 단계에서부터 한 방송 프로그램을 통해 스토리텔링 작업이 이 뤄졌고, 개그맨 이경규 씨의 지속적인 홍보로 인해 소비자들의 머릿 속에 '하얀 국물도 괜찮은데'라는 인식을 심어주면서 불티나게 팔 리고 있다.

〈표〉 인기 있는 봉지라면 순위 (2011년 일반소매점 판매 기준. 이름, 판매 개수, 매출액 순)

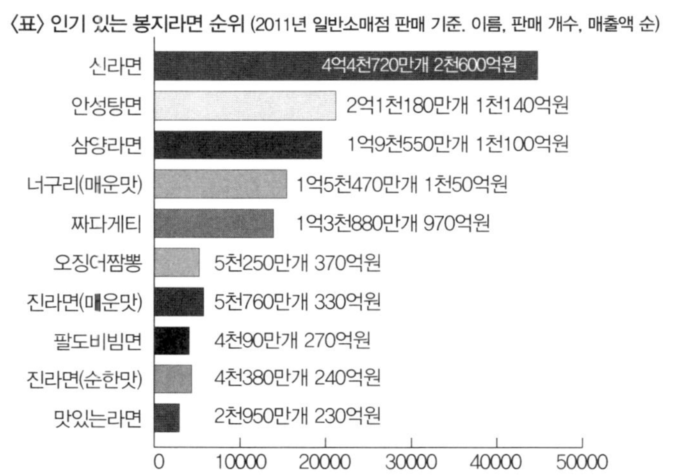

가계부채 1천조원 시대

······

지난 해는 하우스푸어란 미국발 금융위기의 신조어가
국내에 상륙해 완전 정착된 시기이기도 했다.

······

▊ 하우스푸어

"진짜 부자는 세입자들이에요. 내 집에 살더라도 은행 빚이 있다면 돈 걱정 안 할 수 없게 돼 버렸습니다."

대구 달서구에서 약국을 경영하고 있는 김모(54) 씨가 자신과 친구를 비교하면서 한 말이다. 그는 3년 전 2억원을 대출 받아 4억5천만원 상당의 아파트를 구입했다. 반면 비슷한 시기에 같은 아파트로 이사 온 그의 친구는 전세로 입주했다. 친구도 2억5천만원 정도의 자산이 있었지만 2

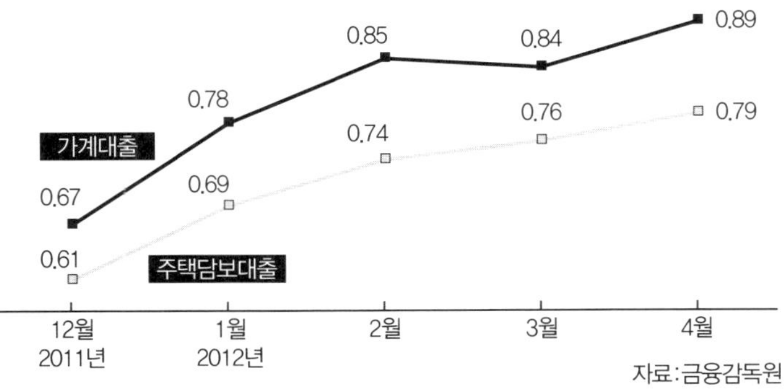

억원은 전세금으로, 나머지 5천만원은 퇴직 연금에 투자했다.

3년이 지난 지금, 김 씨와 친구의 자금 사정은 크게 달라졌다. 친구는 이자로 불어난 노후 대비용 연금 통장이 남아 있지만 김 씨는 통장은커녕 매달 100만원에 달하는 은행 이자를 부담해야 하는 처지다. 아파트 매매가도 5천만원이나 떨어졌다. 두 집은 자주 만나 외식을 하지만 세입자인 친구가 식사비를 내는 경우가 잦아졌다. 금리에 부담을 갖고 있는 김 씨 부인이 최근 생활비를 대폭 줄였기 때문이다.

이처럼 미국의 금융위기를 가져온 하우스푸어 사태가 더 이상 남의 일이 아니게 돼 버렸다. 가계부채 1천조원 시대에 돌입한 우리나라의 주택

담보대출 비중은 이미 390조원이 넘어 전체의 40%에 달한다. 특히 가계 부채 가운데 순수 대출이 640조원인 것을 감안하면 국내 가정집의 절반 가량은 주택 소유 명의자 것이 아니라 은행 것이란 이야기가 돼 버린다. 그래서 가계 대출에 대한 정책은 부동산 정책과 떼려야 뗄 수 없는 관계로 고착화돼 버렸다.

그동안 정부와 은행은 가계부채 문제, 부동산 버블 붕괴 가능성에 대한 우려가 제기될 때마다 우리나라는 '안전지대'에 있다고 큰소리쳐왔다. 그 이유 가운데 하나가 주택 담보인정비율(LTV) 제도였다. 집을 살 때 은행에서 담보가치의 절반가량만 돈을 빌려주도록 제한하고 있기 때문에 집값이 반 토막 나더라도 은행의 부실채권이 대량 발생해서 금융위기로 이어질 가능성은 낮다는 주장이다. 하지만 이 같은 논리는 주택 가격이 오른다는 전제하에서만 맞는 이야기이다. 부동산 경기 침체 장기화로 집값이 고점 대비 40% 이상 떨어지는 아파트가 등장하면서 사정은 180도로 달라졌다. 이미 LTV가 70~80% 수준으로 올라간 경우가 심심찮게 나오고 있고 경매로 넘어간 물건 중에는 100%를 넘긴 '깡통 아파트'도 등장했다. 집을 팔아도 은행 대출을 못 갚는 미국발 서브프라임이 국내에 이미 상륙한 것이다.

지난 해까지 전체 주택담보대출의 절반가량이 만기가 되거나 거치 기간(원금은 갚지 않고 이자만 갚는 기간)이 끝난다. 시중 5대 은행에 지난 해 말까지 만기가 돌아와 일시 상환해야 하는 주택담보대출만 23조8천억원에 이른다. 집값 하락을 이유로 은행들이 대출자들에게 원금의 10%

정도를 상환하라고 하면 총 2조3천800억원을 갚아야 하는 상황이다.

이 때문에 제대 빚을 못 갚는 연체도 예상된다. 이미 지난 해 4월 은행권의 가계대출 연체율은 0.89%로 5년 2개월 만에 최고치를 기록했다. 4월 한 달 동안 새로 발생한 가계대출 연체액은 9천억원으로 증가했고, 이 가운데 주택담보대출은 4천억원에 달했다.

한 여론조사 기관의 설문조사에 따르면 하우스푸어 대상 가구 전체 108만 가구 중 약 3분의 1이 "대출을 연장 받지 못하면 원리금을 갚을 수 없다"고 응답했다고 한다. 하우스푸어 계층은 이미 가처분소득의 40% 이상을 주택대출 원리금 상환에 쓰고 있다. 집값이 계속 떨어지면 그만큼 빚 상환 능력도 동반 하락한다. 그렇다고 직장인들에게 하늘에서 돈이 떨어지는 것도 아니고, 또다시 문턱 높은 은행권을 찾아 상환 연장을 하거나 새롭게 빚을 내 기존의 빚을 막아야 한다.

하지만 지난해 국제통화기금(IMF)이 채택한 보고서에는 "한국처럼 수출에 의존하는 국가는 대외수요 악화로 역풍을 맞을 수 있다"는 내용을 담고 있다. 주목할 만한 일은 위기에 놓인 국가의 예를 '한국'이라고 콕 집어 발표했다는 사실이다. 그동안 IMF가 특정한 국가를 언급하며 위기를 거론한 적은 거의 없었다. 그만큼 우리의 경제 전망이 어렵다는 것을 확신한다는 뜻으로 받아들여지는 대목이다.

이 같은 상황에서 우리나라 가계부채가 꾸준한 증가세에 놓여 있다는 점은 더욱 비관적이다. 금융위기 이후 미국 등 선진국의 가계부채는 조정국면에 진입한 반면, 한국만 주택담보대출을 중심으로 꾸준히 증가해

왔다. 2007년 136%였던 금융부채 비율은 2008년 139%, 2009년 143%로 증가했고 그 결과 영국, 호주에 이어 경제협력개발기구(OECD) 국가 중 세 번째로 가계부채가 높은 국가가 돼 버렸다.

여기에 최근 대출금리가 상승세를 보이고 있는 것도 가계부채 폭발을 부채질하는 요인이다. 은행의 기준 금리가 되는 양도성예금증서(CD)가 지난해 중순 3.15%를 기록, 연초 2.80% 수준에서 0.35%나 급등했다. 코픽스(COFIX 자금조달비용지수)금리도 신규취급액 기준 3.47%, 잔액 기준 3.70%로 연속 상승하는 추세를 보이기도 했다.

대출금리 인상은 가계 부담을 늘려 소비 위축을 가져오기 때문에 국내 경제에 직격탄을 줄 수 있다. 결국 하우스푸어발 경기 위축으로 국가 경제가 나빠지고 다시 나빠진 국내 경기로 서민들이 고통을 받는 악순환의 서막이 시작됐던 것이다.

▌워크아웃 도입

　하우스푸어 문제로 인한 경기 침체가 예상되자 보완책 마련이 시급하다는 주장이 제기되고 있다. 세계 물가가 널뛰고 기준금리가 계속 오르는 데다 전월세 보증금까지 상승세를 보이고 있어 가계 부채가 한국경제의 숨통을 조일 것이라는 우려가 커지고 있기 때문이다.

　하지만 뚜렷한 해법이 없다는 것이 불안감을 증폭시키고 있다. 정부가 지난해 야심차기 내놓은 DTI(총부채상환비율. Debt-to-income ratio) 완화 방안만 하더라도 그렇다. 핵심은 부채를 더 늘려 주겠다는 것인데 이미 가계는 부채금리로 인한 부담이 커질 대로 커진 상태이다. 또 주택시장의 블루오션 격인 2030 세대는 주택 구입에 매력을 느끼지 못하고 있어 DTI 규제 완화가 실효를 거둘 것인지는 장담할 수 없는 상황이다. 일각에서는 DTI 규제 완화 외에 양도세나 취득세 완화 같은 수요 진작책과 분양가 상한제 폐지 등 강도 높은 부양책을 써야 한다는 주장도 나오고 있다.

　여전히 정부 입장에서는 규제를 풀자니 무분별한 대출 증가로 한국판 서브프라임이 우려되고, 규제를 묶자니 시중에 돈이 돌지 않게 되어 경기침체(디플레이션)가 우려되는 시점이다. 하지만 어느 것도 하지 않고 가만히 있을 수는 없는 일이다. 올해와 내년이 가장 중요한 시점이어서 현 정권이 어느 한 가지 방안을 반드시 선택할 수밖에 없다는 게 전문가들은 전언이다.

금융권은 2012년 프리워크아웃(사전 채무재조정)을 확대 시행해 '하우스푸어'의 고통을 덜어주는 방안을 제시했다. 프리워크아웃은 연체할 조짐을 보이는 대출자를 상대로 이자를 깎아주거나 장기 분할상환 대출로 전환해 상환 부담을 줄여주는 것을 뜻한다.

장기적 규제완화 방안의 일환으로는 '거치식변동금리원금 일시상환' 방식이 주종이었던 주택담보대출의 구조를 '비거치식고정금리원리금 분할상환' 방식의 비중이 커지도록 유도하고 있다. 주택담보대출이 단기간 부실화될 가능성은 적다고 보고 대출 구조를 보다 안정적으로 바꿔나간다는 것이다. 이에 따라 변동금리로 대출을 받았다가 고정금리로 전환할 경우 2011년 10월 이후로는 중도해지 수수료를 물지 않아도 된다.

부동산에 올인하려는 소비자들의 시각도 변화가 필요한 시점이다. 한국 가계의 자산 중 부동산 비중은 80%에 달해 미국이나 일본의 두 배 수준이다. 그만큼 대출을 끼고 사는 사람이 많다는 이야기이다. 금감원에 따르면 2011년 기준으로 이자만 갚는 거치기간이 있는 대출이 무려 84%에 달한 상태이다. 지난해 부터 거치기간이 끝나면 원금까지 갚아야 하는 가계가 늘어난다는 이야기이다. 원금까지 내려면 가계부담은 3, 4배 증가하는 것은 당연지사다.

엔저 공습

······

경제 불황 그림자가 곳곳에 드리운 가운데 올해 초는 환율 전쟁이 시작됐다.
고공 행진하는 원화 가치 덕에 수출 산업에 타격을 받고 있다.
반면 일본의 엔화는 저공행진이 이어져 인근 지역인 한국에 치명타를 안겨 주고 있다.

······

▌ 비상 걸린 기재부

기획재정부는 세종시로 이사한지 얼마되지 않아 비상이 걸렸다. 기록적인 환율 하락으로 국내 경제 전반에 영향을 미칠 것으로 전망되자 대응책 마련에 나선 것이다. 하지만 국내 경기도 얼어버린 현재로선 마땅한 대안 수립이 어려운 상황이다. 특히 일본이 강력히 추진하는 엔저(低) 정책에 밀리면서 수출 부진은 물론 관광 수입마저 일본에 뺏길 위기에 처했다.

2013년 1월 28일 달러 대비 원화 환율이 하루 동안 19원이나 급등하면서 하루 상승폭으로는 16개월(그리스 외환위기 이후) 만에 최대를 기록했다. 23일부터 따져보면 불과 나흘간 31.2원이 급등해 약 3개월 만에 1천90원대로 올라서기도 했다. 지난해 11월 초 1천90원이 붕괴된 이후 1천60원선 밑으로 내려가기까지 두 달 이상 걸렸지만 다시 1천90원대를 회복하는 데 걸린 시간은 불과 2주다. 이 때문에 외환 전문가들은 외환 당국이 개입에 나설 수 있다는 분석을 내놓고 있다. 특히 이번 현상은 장기적으로 원고(高)엔저 추세가 이어질 것이라는 게 전문가들을 설명이다.

원고 추세로 투자자들도 국외로 눈을 돌리고 있다. 2002년 국내 최초로 국외주식 거래 서비스를 시작한 한 증권사에 따르면 올해 1월 이 회

일본인 입국현황(단위:명, %)

구분(2012년)	입국자수	성장률
7월	299,477	8.8
8월	346,950	6.5
9월	308,882	−3.8
10월	269,732	−20.7
11월	249,481	−24.8
12월	227,227	−24

자료=한국관광공사

내국인 일본 여행객 수(단위: 명)

연도별	일본 방문객수
2006년	2,177,325
2008년	2,382,397
2010년	2,439,816
2011년	1,658,730
2012년	2,044,300

※2011년 집계는 3월 동일본대지진후쿠시마 제1원전 사고 영향

사를 통한 국외주식 총 거래액은 지난해 동기 대비 383%나 늘었다. 국내 투자자들이 국외로 눈길을 돌리는 건 국내 주식시장의 부진 때문이다. 올 들어 28일까지 코스피지수는 2.9% 떨어졌다. 같은 기간 미국 다우지수(5.9% 상승), 일본 닛케이지수(4.1%), 중국 상하이 지수(3.4%)가 모두 올랐는데 코스피만 하락한 것이다. 국내 시장 전망 또한 밝지 않은 상황인데, 미국의 한 대형 펀드운용사는 올 상반기에만 한국의 주식 9조 원어치를 정리할 예정이다.

반면 일본중국의 대형주는 가파른 오름세를 타고 있다. 일본 소니 주가는 지난해 말 958엔에서 28일 1천407엔으로 47% 뛰었다. 이 정도면 환차손을 뺀 원화로만 따져도 39%가 상승한 셈이다. 일본 마쓰다자동차는 올 들어 33%, 중국 창청(長城)자동차는 28% 올라 투자자들을 끌어모으고 있다.

환율 변화는 금융계와 수출 산업에도 큰 영향을 미치지만 현지에서 돈을 쓰는 관광 산업과도 연관성이 크다. 특히 엔저 현상은 국내 관광 산업에 직격탄을 날리고 있는데 최근 일본인 관광객은 급감한 반면 내국인의 일본 여행은 급증하면서 대 일본 관광수지가 크게 악화하고 있다.

2013년 1월 30일 한국관광공사에 따르면 전년 8월 35만여 명이 입국했던 일본인 관광객은 매달 꾸준히 줄어 12월엔 23만여 명으로 12만 명 줄었다. 이는 전년 4분기와 비교해서도 24%가량 줄어든 수치였다. 반면 엔화 약세로 일본을 찾는 한국인 관광객은 크게 늘고 있다. 2011년 동일본 지진 이후 2010년 대비 32%가량 급감했던 일본행 국내 관광객 수는 지난해 4분기부터 급속히 회복되고 있는 것이다. 이 때문에 국내 호텔업과 항공업은 비상이 걸렸다. 일본인 비중이 큰 롯데호텔 서울은 지난해 4분기 일본인 고객 비중이 지난해 같은 기간보다 30%가량 감소했고 항공사들은 줄줄이 일본발 한국행 노선을 축소하거나 잠정 중단하고 있는 상태기 때문이다.

환율로 인한 경기 침체가 변화될 조짐은 있을까? 국내 광공업 생산이 2012년 말 4개월 연속 전년 동기와 비교해 다소 늘고, 부진했던 설비투자도 지난달 큰 폭으로 반등하는 등 일부 경기 지표가 상승세 분위기다. 하지만 여기까지였다. 소비가 부진하고 국외 경제 환경도 불투명한 상태에서 섣부른 경기 회복 전망은 아직 이르다는 게 중론이기 때문이다.

통계청이 발표한 산업활동 동향을 보면, 2012년 12월 광공업 생산이 11월보다 1.0% 늘었다. 광공업생산은 9월 0.7%를 기록하며 상승세로 돌아서고 나서 10월 0.7%, 11월 2.6%, 12월 1%를 나타내면서 4개월 연속 오름세를 탔다. 설비투자도 전달보다 9.9% 급증했다. 항공사들이 대형 항공기 구매에 나서면서 운송장비류 설비투자가 28% 급등한 것이 결정적인 역할을 했다.

하지만 2012년 11월 반짝 회복세를 보였던 소비는 한 달 뒤 다시 부진에 빠졌다. 12월 소매판매가 무려 1.1% 감소한 것. 이 때문에 많은 경제전문가는 경기가 회복 국면이라는 데는 동의하지만, 그 회복 속도는 빠르지 않다고 입을 모으고 있다.

빚 공화국

······

그야말로 빚 공화국이다.
글로벌 금융 위기 중에도 늘어난 가계 빚은 지난해 9월 말 기준으로
995조원에 육박했고 지금은 1천조원을 넘어섰다.
2007년 말 가구당 4천400만원이었던 빚이 4년 만에 5천900만원으로 34% 늘어나기도 했다.

······

▌부채 불감증

가계 부채가 급증한 것은 우리 사회가 빚 무서운 줄 모르는 '빚 불감증' 사회가 된 것과 무관하지 않다. 앞다퉈 빚을 권한 금융회사는 사회가 어렇게 되는 전도사 역할을 했다.

은행들은 1997년 외환위기 이후 2003년 카드 사태 때까지 신용카드를 남발해 가계 빚을 키우는 불쏘시개 역할을 했고, 2005~2006년 주택 시장 활황기에는 주택 담보대출을 통한 부채 만들기에 여념이 없었다. 이

후 정부가 1금융권에 대한 대출 규제를 실시하자 제2금융권 대출과 저소득층의 생활 자금용 대출에 몰리는 계기가 마련됐다. 결국 가계 부채는 지난 15년 동안 금리가 높은 쪽으로 옮겨가면서 눈덩이처럼 커진 셈이다.

빚은 결국 '거지'를 양산했다. 일생 동안 돈을 벌어도 중산층에서 하부 계층으로 떨어지는 것은 시간 문제이고 은행으로 들어가는 돈을 제외하면 수중에 남는 것은 없게 된다. 오히려 빚을 더 지면서 살아야 할 형국이다.

현대경제연구원에 따르면 우리나라 1천70만 가구 중 108만 가구(10.1%)가 '하우스푸어'다. 빚을 내 집을 샀는데 원리금 상환액이 가처분소득의 10%를 넘는 경우를 '하우스푸어'로 부른다. 이들의 평균 가처분소득은 246만 원인데, 이 중 102만원을 매달 대출 원리금으로 내고 있다. 가처분소득 대비 원리금 비율이 42%에 달한다.

집은 안 샀지만 결혼 비용과 전세금 때문에 빚을 지는 30대 '허니문푸어'도 적지 않다. 여성가족부가 전국 4천754명을 대상으로 실시한 '제2차 가족 실태 조사' 결과에 따르면 결혼 비용이 남자는 평균 8천만원, 여자는 약 3천만원이 드는 것으로 나타났다.

통계청에 따르면 30세 미만 가구 자산의 중간 값이 4천146만원(2011년)이기 때문에 자산의 2배가 훨씬 넘는 돈을 들여 결혼 생활을 시작하는 셈이다.

부채 활동은 여기서 끝이 아니다. 아이를 갖게 되면 더욱 본격화된다.

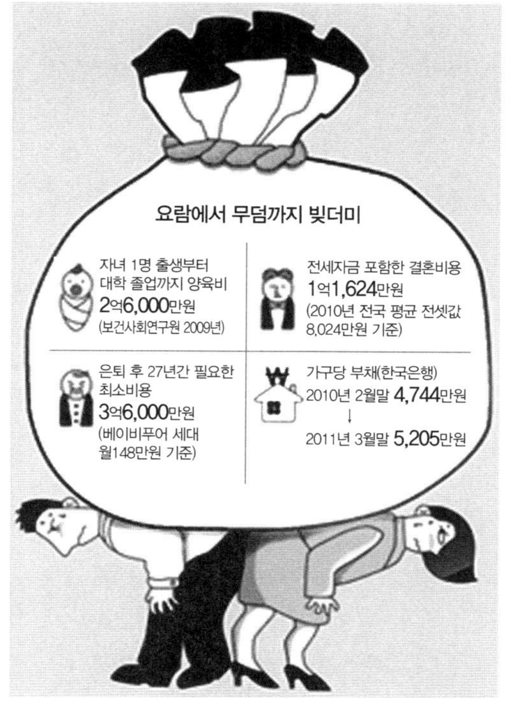

한국보건사회연구원에 따르면 자녀 1인당 평균 양육비는 총 2억6천204만원이다. 초등학생 자녀는 월 88만원, 중학생 98만원, 고등학생 115만원, 대학생 142만원으로 아이가 커갈수록 더 많이 들어간다. 이런 가운데 서울대 노화고령사회연구소에 따르면 베이비붐 세대(1955~1963년

생)의 노후 대비를 위한 월평균 저축액은 17만원에 불과한 것으로 조사됐다.

아이들 교육 때문에 소비 저축 여력을 뺏긴 '에듀푸어'는 은퇴 후에도 빚 걱정을 해야 할 '실버푸어'로 전락할 가능성이 높다. 경제협력개발기구(OECD)에 따르면 우리나라 노인 빈곤율은 45%에 달해 OECD 평균치(13.3%)를 훨씬 웃돈다. 혼자 사는 노인들의 상황은 더 심각하다. 삼성경제연구소에 따르면 우리나라 노인 1인 가구 빈곤율이 OECD 회원국 중 가장 높은 77%에 달했다.

결국 현대인들은 '허니문푸어→하우스푸어→에듀푸어→실버푸어'란 악순환의 길을 걸어가며 슬픈 인생을 살고 있는 것이다.

그럼에도 여전히 우리 사회는 빚내는 것을 부추기고 있다. '고객님은 최우량 신용등급. 무(無)방문 당일 2천만원 대출 가능' 문자메시지부터 '전화 한 통이면 1천만원 입금'이라는 이메일 등을 한 번도 받아보지 않은 사람은 드물 것이다. 길거리엔 '연 4.3% 주택 담보 대출' 전단이 즐비하게 뿌려져 있고, TV를 켜면 '대출은 빨리 십분'이란 광고가 눈에 들어온다. 제도권비제도권 금융사를 막론하고 사람들이 빚을 내게 하는데 안간힘을 쓰고 있는 것이다.

보험 약관 대출이 설계사 도움 없이 인터넷만으로 가능한 것도 부채 증가의 요인이다. 주식 담보 대출은 클릭만 하면 입금된다. 예전엔 빚을 내기 위해 소득 증빙서류를 씨들고 은행 창구를 찾아야 했지만, 요즘은 전화 한 통에 통장으로 현금이 꽂힌다. 많이 빚지는 사람에게 경품을 주는 상품도 등장했다. 빚의 사슬로 끌어들이려는 광고와 경품 행사가 판을 치고 있지만 단서 조항이 없다는 이유로 금융당국은 손을 놓고 있는 상황이다.

▌빚의 수렁으로 몰리는 청년들

'허니문푸어→하우스푸어→에듀푸어→실버푸어'란 현대인의 악순환도 위험하지만, 이전 단계인 20대의 부채 증가는 사회를 더욱 무기력하게 만든다. 20대들의 재무 상태에 구멍이 발생하게 되면 우리나라의 성장 동력을 떨어뜨려 장기적인 경기 침체로 이어질 수 있다는 지적이 나오고 있다.

빚의 유혹에 약한 20대들에게 금융회사들은 일단 돈을 빌려 주고 본다. 3개월짜리 편의점 아르바이트를 뛰어도 일단 수백만원을 넌 30%가 넘는 이율로 대출해준다. 20대의 대부분은 부채로 생산적인 일을 하기보단 빚을 갚는 데(돌려막기) 활용빈도가 높다. 이를 알면서도 금융회사들은 급전을 빌려준다. 자신들이 안 빌려 주면 이자가 더 높은 사채시장으로 갈 것으로 보기 때문이다.

20대의 '빚 불감증'도 문제다. 소득은 적어도 명품을 가지는 것이 유행처럼 번져 있다. 대구 남구에 살며 식당에서 일을 하는 김모(22) 씨는 1천100만원의 빚을 졌다. 매달 120만원 벌면서 한 달에 200만원어치씩 카드로 옷과 화장품을 샀기 때문이다. 그녀는 "스트레스를 풀려고 별다른 생각 없이 샀는데…, 처음 100만원 대출받을 때 '100만원 버니까 나중에 충분히 갚겠지' 라고 안일하게 생각했다"고 말했다.

똑같은 액수를 빌리더라도 20대의 빚 문제는 다른 연령대보다 심각하다. 소득이 거의 없고, 사회경험도 적고, 신용이력도 없어 더 높은 금리를 줘야 하기 때문이다. 나이스신용정보에 따르면 신용정보가 등재된 20대(678만 명) 인구 중 54%(365만 명)가 5, 6등급이었다. 전체 인구 중 5, 6등급 비중은 31.2%인데, 20대에는 유독 5, 6등급이 많은 것이다. 5, 6등급은 저축은행의 주요 고객층이다. 20대의 낮은 신용등급은 23금융권 회사들이 높은 이자를 매기는 빌미가 된다.

〈빛 탈출 팁〉

빛의 사슬에서 풀려나기 위해 정부와 은행의 지원을 받아보자.
일단 감당하기 힘든 빛은 채무 조정 신청을 검토해 볼 필요가 있다.
채무 조정은 신용회복위원회가 운영하는 개인워크아웃과 개인프리
워크아웃, 자산관리공사(캠코) 신용회복기금의 채무 재조정 제도 등
이 있다.
우선 연체기간이 30일 초과 90일 미만인 단기 연체자라면 개인프리
워크아웃을 이용하는 것이 바람직하다. 3개월 이상 연체자는 금융권
에서 신용불량자라는 딱지가 붙어 신규 대출 등이 사실상 불가능해
진다. 개인프리워크아웃 제도를 이용하면 신용불량자로 전락하는 것
을 사전에 막을 수 있다. 연체기간이 3개월 미만인 5억원 이하 채무
에 대해 사전채무조정이 이뤄진다. 단 대부업체 빛은 조정 대상이 아
니다. 고의성이 있을 때도 제외된다. 연체이자는 면제되고 대출이자
는 감면받는다. 원금 감면은 없다. 무담보대출은 최대 10년, 담보대
출은 최장 20년에 걸쳐 상환하면 된다.
신용회복위원회 개인워크아웃과 캠코 채무 재조정 프로그램은 연체
기간 3개월 이상인 채무자가 대상이다. 개인워크아웃은 5억 원 이하
채무, 채무 재조정은 3천만 원 이하 채무에 대해 채무조정을 해준다.
이자는 모두 면제되고 원금은 8년에 걸쳐 분할 상환하면 된다.
이 같은 채무 구제 프로그램으로도 해결이 안 된다면 법원 개인회생`
개인파산 제도도 고려해볼 수 있다. 단 개인파산은 모든 부채가 면책
되지만 향후 금융회사 이용이나 취업이 불가능해질 수 있다는 점을
유의해야 한다.
부채가 눈덩이처럼 불어나는 것을 막기 위해서는 대출 금리를 최소
화하는 방법이 가장 효율적이다. 저축은행이나 대부업체 등

30~40%대에 이르는 고금리 대출을 이용하는 채무자라면 이지론의 '환승론'과 캠코의 '전환대출'을 이용해볼 필요가 있다. 두 제도 모두 연체가 없는 채무자만 이용할 수 있다. 환승론은 대부업체에서 연리 49%로 대출받은 사람이 연리 30% 내외인 대출로 갈아탈 수 있도록 도와주고, 전환대출은 신용등급이 7~10등급인 저신용자 고금리 대출을 19~21% 대출로 전환해주는 프로그램이다.
신규대출은 금융감독원이 14개 은행과 함께 추진하고 있는 '희망홀씨 나누기' 캠페인을 눈여겨볼 필요가 있다. 원천적으로 대출이 거부된 저신용평가자(7등급 이하)가 은행에서 10%대 금리로 신용대출을 받을 수 있도록 하는 프로그램이다.

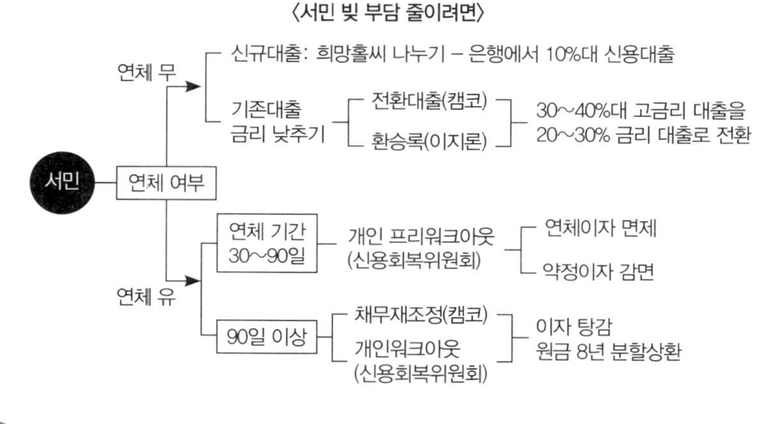

〈서민 빚 부담 줄이려면〉

3월 경제 한파

......

최근 이어진 한파 처럼 3월 경제도 차가울까?
지난 3월은 꽁꽁 얼어버린 경제 상황 때문에 유달리 추운 한 달을 보내야만 했다.

......

▎꽁꽁 언 경기

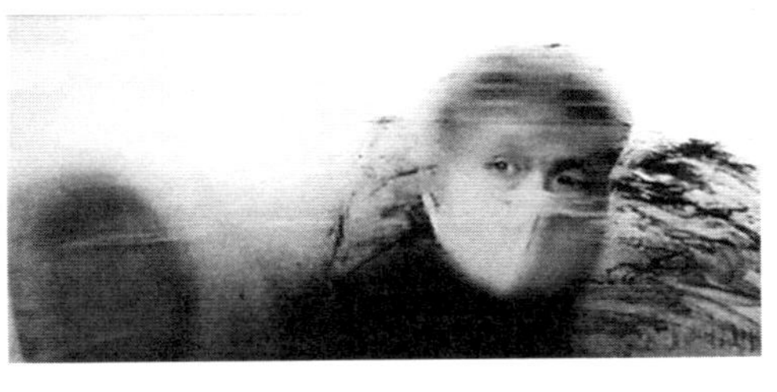

근래 없던 한파(寒波) 속에 시장 경기도 꽁꽁 얼었다. 자동차 등 내수(內需)를 떠받치던 상품들의 몰락이 지속되고, 고유가 시대 속에 연료가 되는 것은

대부분 올랐다. 주가도 곤두박질쳐 서민들은 늘어나는 대출만큼이나 주름살만 깊이 패이고 있다. 2011년 말부터 지난해 초까지, 국내 경기의 가장 큰 특징은 내수가 심하게 흔들렸다는 것이다. 특히 높은 성장률을 유지하며 내수경기를 지탱해주던 자동차, 백화점, 아웃도어 등 '내수 트로이카'조차 몰락하고 있는 점은 시사하는 바가 크다.

글로벌 금융 위기가 진정된 이후인 2010년부터 매출 신장세가 두드러지던 백화점은 2011년 들어 처음으로 매출이 감소세를 나타냈다. 정부가 발표한 대형 백화점 3사 2011년 1월 매출은 지난해 1월 대비 4.1% 줄었다. 백화점은 2010년 11월(−0.5%)을 제외하고는 1년 내내 매출이 준 적이 없었다.

현대자동차 판매량 증감률
작년동월대비, 단위:%

아웃도어 상품 매출 증감률
현대백화점 서울6개점 기준, 단위:%

롯데백화점 서울 본점 매출 증감률
단위:%

현대차기아차한국지엠르노삼성쌍용차 등 완성차 5개사의 2011년 1월 내수 판매 실적도 놀라울 정도로 줄었다. 1월 내수 판매 9만6천448대는 전년도 12월(12만9천497대) 대비 25.5%, 전년도 1월(12만577대) 대비 무려 20%나 감소했다. 특히 2010년 6~7월 22%가 넘는 신장률을 보이며 잘나가던 현대차의 매출이 2011년 1월 −18.5%를 기록하며 업계 1위 명성에 금이 가고 있다.

2~3년 간 매년 폭발적인 성장을 계속하던 아웃도어도 매출 감소 때문에 백화점 등에서 대대적 할인 행사를 벌이는 지경에 이르렀다. 2011년 없어서 못 팔았던 아웃도어 업체들이 2012년 생산량을 크게 늘렸지만 매출 신장은 거의 없어 재고가 크게 늘었기 때문이다.

2011년 위축된 내수 때문에 주식시장도 냉기가 감돌았다. 엎친데 덮친 격으로 이란과 서방 국가 간 갈등으로 유가 강세현상을 보이자 항공해운주 등이 직격탄을 맞는 모양새를 보였다. 당시에는 당분가 고유가 기조가 흔들림 없이 진행될 것이란 전망 때문에 경기는 더욱 얼어 붙었다. 전문가들은 유가가 급등하면 원재료 비용 부담이 늘어나는 업체 주가에 좋지 않고, 물가 상승에 대한 우려가 가중되며 주식 시장 전반에 악재로 작용할 수 있다고 지적했다.

한편 2012년 3월 한파가 서민 경제에 직접적으로 영향을 끼친 것은 장바구니 물가를 올렸기 때문이다. 특히 기름 값이 오른 데다 2월 한파가 계속돼 온실 난방비는 급상승했다.

실제로 2012년 1월 시금치(4kg 상자)의 도매가격은 1만8천591원으로 전년 동기 대비 1만여 원에 비해 70% 이상 올랐고, 양상추(8kg 상자)는 2만4천원에 거래돼 전년보다 55%가 올랐다. 브로콜리(8kg 상자)도 3만 2천원으로 84%가 뛰었다.

꽃값도 뛰었다. 2월 '밸런타인데이'(2월 14일)와 졸업식이 몰려 있어 '꽃 특수' 시즌이었으나 지난 해에는 특수란 말이 무색해졌다. 밸런타인데이에 가장 인기 높은 분홍색 장미(아쿠아 품종)는 1속(10송이) 도매가격이 7천900원으로 1년 전보다 배로 뛰었고, 화사한 색과 향기로 졸업식 인기 품종인 프리지아도 1속에 1천350원에 팔려 전년보다 50% 이상 올랐다. 이 때문에 한 대형 꽃판매배달 업체는 전년 대비 판매량이 30% 이상 줄었다.

이 같은 경기 불황 속에서 서민들의 대책이라고는 빚을 내는 것 이외에 마땅한 묘안이 없어 보인다.

2011년 하반기 은행 대출 용도가 주로 생활자금이라는 통계가 공개됐다. 한국은행에 따르면 대출 만기 연장 가구의 3분의 1이 생활자금 조달 때문이라고 응답한 것으로 나타난 것이다. 특히 지난해 식료품 등을 중심으로 물가가 오르자 저소득층은 생활비 부담을 느끼고 생활자금 대출 수요를 더욱 늘렸다. 하지만 대출을 신청한 가구 가운데 22%는 신청 자금 중 일부만 대출 받았고 6%는 아예 받지도 못했다. 은행 대출로 충분한 자금을 확보하지 못한 이들 중 절반은 제2금융권과 사채 등을 통해 융통한 것으로 나타났다.

■ 비싸니 길러 먹자

(손님) "여기 미나리 추가요!"
(주인) "죄송한데, 복(생선)을 더 드리면 안 될까요?"
　한파가 기승을 부리던 작년 2월 중순 여의도 인근 복 매운탕 집에서 들려온 말이다. 공짜인 미나리 추가를 원하는 손님들의 주문이 들려올 때마다 주인은 가슴이 철렁 내려앉는단다. 전년 대비 두 배 이상 오른 미나리 가격 때문이다.
　돼지국밥 집도 마찬가지다. 전년도와 비교해 3배 이상 오른 청양고추 때문에 된장에 찍어 먹는 '땡초'를 손님 상에 퍼 담는 주인의 손길이 여간 조심스런 게 아니다.
　채소 값이 오르자 집 베란다 등에 텃밭을 꾸며 채소를 길러 먹는 사람들도 늘고 있다.
　인터넷 오픈마켓 옥션에 따르면 2011년 1월 1일부터 14일까지 화분과 분갈이 흙, 분무기 등 원예용품 판매량이 지난해 같은 기간보다 55% 늘었다. 특히 1천원대에 살 수 있는 채소 씨앗의 판매량은 작년보다 4배 가까이 늘었다. 베란다에 심을 수 있는 방울토마토, 블루베리 등 작은 과일나무(유실수) 묘목 판매량도 지난해 동기 대비 45%증가했다. 옥션에 따르면 "한파로 채소와 과일 등 농산물 가격이 치솟았기 때문"이라며 "소비자들이 저렴한 씨앗과 재배 기구를 구매해 직접 길러 먹으며 '식탁 물가'를 낮추려 하는 것 같다"고 말했다.

씨앗 가운데 인기 품목은 최근 가격이 크게 오른 풋고추와 상추 등 '쌈채소', 비빔밥이나 샐러드에 많이 사용되는 새싹 채소, 재배가 간편한 콩나물과 느타리버섯 등이다.

화분과 흙, 거름 등을 묶어서 파는 '베란다 텃밭세트', 여러 채소를 한꺼번에 재배할 수 있는 '수경재배기' 등 초보자가 채소를 손쉽게 재배할 수 있도록 도와주는 용품의 수요도 올랐다.

▌고유가 속 정유업계는 튼튼

고유가 속에서도 국내 정유사들은 2011년 사상 최대 실적을 거뒀다. 정유 업계에 따르면 SK이노베이션은 매출이 68조3천754억원을 기록, 역대 최대였던 2010년의 53조7천225억원에 비해 27% 증가한 것으로 나타났다. 영업이익은 51% 늘어난 2조8천487억원으로 2008년의 1조8천914억원을 크게 웃돌았다. 당기순이익은 전년 대비 176.8% 급증했다.

GS칼텍스는 매출이 사상 최대였던 2010년에 비해 36% 증가한 47조9천463억원, 영업이익은 68% 늘어난 2조200억원을 거뒀다. 에쓰오일은 매출 31조9천240억원, 영업이익 1조6천698억원으로 전년 대비 각각

56%, 94% 늘어 최대치를 기록했다.

당기순이익에선 GS칼텍스는 1조2천360억원, 에쓰오일은 1조2천126억원으로 집계되며 처음으로 1조원대를 나타냈다. 현대오일뱅크도 매출은 18조원, 영업이익은 5천억 원을 거둬 2010년의 매출 13조3천270억원, 영업이익 2천235억원을 크게 웃돌 것으로 전망됐다.

2011년 2분기 ℓ 당 100원 할인을 시행하며 국내 정유부문 이익이 크게 줄었지만, 정유사들이 새로운 먹을거리로 준비해 온 사업들이 이를 충분히 만회했다는 평가다.

정유사의 신사업으로 윤활유 부문이 꼽힌다. 에쓰오일 관계자는 "인도, 중국 등 신흥 시장에서 자동차 판매가 늘어나며 윤활유 수출이 확대됐다"며 "국내 기업들이 세계 최고 수준의 경쟁력을 가진 그룹 2와 그룹 3 제품의 미국, 유럽 등 선진국 시장 진출도 활발히 이뤄졌다"고 말했다.

해외 정유 부문도 국제 유가가 지속적으로 상승하며 정제 마진이 개선된 것이 긍정적인 영향을 줬다. 정유 업계 관계자는 "중국 등 신흥시장에서 석유 수요가 늘어난 데다 2010년 IEA(국제에너지기구) 기준 배럴당 −0.25달러였던 복합정제 마진이 2011년 1.49달러로 개선된 것도 실적 향상에 보탬이 됐다"고 말했다.

유통판도 변화

......

2012년 초 소매시장 규모를 놓고 롯데와 신세계 산하 연구소는
각각 234조원, 232조원대로 전망했다.
전년 대비 성장률 8.2%에는 못 미치는 7%대 성장에 불과한 결과이다.
유통시장에선 연초부터 230조원에 이르는 소매시장을 잡기 위해
불꽃 튀는 마케팅 전략을 추진했다.

......

■ 전통 강세 업체는 약해지고 저가 업체는 성장

업태별로 살펴보면 백화점, 대형마트, 기업형슈퍼마켓의 2011년 성장
률은 전년보다 떨어진 반면 홈쇼핑과 편의점은 20% 이상 성장하는 등
양극화 현상이 벌어졌다.

매출 하락세가 지속된 대형마트의 경우 활로 모색을 위해 '질 좋고 저
렴한 제품을 쏟아 낸다'는 전략을 내 놓았다. 이는 치솟는 물가 현실 속
에서 살아남은 방법은 가격 경쟁력으로 보고 스스로 제품을 만들어 단가

를 최대한 낮추자는 전략이다.

대형마트 '빅3' 가운데 이마트는 공전의 히트를 기록한 49만9천원짜리 32인치 LED TV 및 반값 원두커피 같은 제품을 올해도 출시하고 베트남과 중국 등 해외시장 개척에도 공격적으로 나섰다. 홈플러스는 스타일몰을 유아용품 전문 소매점으로 차별화시키는 전략을 공개했고, 롯데마트는 '통 큰' 차별화 전략을 통한 상품 경쟁력 강화를 내세웠다.

대형마트 시장은 최근 주춤하고 있지만 지난 2008년 30조원에서 5년 만에 40조원으로 꾸준히 늘고 있는 추세다. 최근의 손해를 만회하기 위해 '빅3'의 심화되는 시장 쟁탈전은 불보듯 뻔한 일이었다.

대형마트와 함께 최근 성장세가 주춤한 백화점도 살아남기 위해 몸부림을 쳤다. 우선 복합쇼핑 트렌드에 맞춰 신규 출점과 증축을 통한 기존 점포 대형화 작업을 지속했다. 롯데는 경기도와 충청도에 지난해에만 3개 점 출점을 예약했고 현대와 신세계도 각각 1개씩의 지방 분점을 짓거나 완공했다.

이와 함께 백화점은 새로운 성장 동력 확보 차원에서 추진하고 있는 아울렛 온라인몰 등 신사업을 강화하고 프리미엄 슈퍼마켓 등 신업태에 도전했다. 롯데가 지난해 3월에 선보인 프리미엄 온라인 몰과 신세계의 프리미엄 식품관 등이 이에 해당한다.

대형마트와 백화점 상황과는 다르게 편의점 시장은 2012년까지 고성장을 거듭했다. 동네 슈퍼나 식당을 운영하다 '쓴맛'을 본 자영업자들과 퇴직전선에 합류한 '베이비 붐' 세대들이 대거 편의점 가맹점 사업에 뛰어들면서 2011년 한 해 동안 무려 5천여 점포가 늘어 났다. 전년도 말 기준으로 편의점 숫자는 2만여 개, 전국 구멍가게 수가 5만 개를 넘는 점을 감안하면 편의점이 들어설 자리는 앞으로도 1만~2만 개는 더 있어 보인다.

편의점 회사들도 가맹점 확산과 마케팅 전략 수립에 나서면서 판매 촉진에 나서고 있다. 업계 1위인 훼미리마트는 자신의 점포에서만 볼 수 있는 차별화된 상품을 더 많이 출시했다. 그래야 고객만족도가 높아지고 수익으로 연결될 수 있다는 판단에서다.

GS25는 목 좋은 곳에 점포를 내도록 관리하는 등 기존 사업 확장과 내부 역량 강화에 3천억원을 쏟아 부었다. 세븐일레븐은 도시락과 레토르트 식품 등을 매달 1, 2개 이상 선보이는 방식으로 간편 식품 라인을 강화하는 전략을 추진 중이다.

유통업계 새르운 강자로 부상한 홈쇼핑 업계도 소비심리 위축이 예상되는 올해에도 20% 가까운 성장이 예상된다. 업계는 자체상표 및 단독 독점 상품을 개발해 매출을 올리는 한편 실속형 상품을 강화해 주머니 가벼운 소비자들의 선택을 이끌어 내겠다는 전략이다. 그러면서 해외시장 진출도 확대하고 있다.

이미 중국시장에서 뿌리를 내린 CJ오쇼핑의 경우 일본인도베트남태국까지 공격적으로 시장 진입을 시도해 놓은 상태이고 GS숍도 지난해 태국에서 '트투 GS' 방송 시작을 계기로 인도중국 등에 오프라인 매장도 열 계획이다. 이들이 해외시장에 눈길을 돌리는 이유는 앞으로 홈쇼핑의 미래는 온라인 시장으로 이동될 것으로 판단하고 "미리 국경의 벽을 허물어 놓자"는 고도의 전략이다.

　홈쇼핑 시장이 커짐에 따라 업계 경쟁도 치열해졌으나 올해는 더욱 뜨거울 전망이다. 2011년 3분기 CJ오쇼핑이 GS숍 매출을 5년 만에 누르며 정상을 차지하는 등 10여 년간 이어져온 업계 순위 변동이 예상되는 만큼 업체들의 피 튀기는 혈전이 예고되고 있기 때문이다.

▌대대적인 혁신 필요한 백화점

유통업계에선 전쟁을 방불케 하는 경쟁이 이뤄지고 있지만 불패 신화를 구축하던 백화점의 매출은 하락세를 걷고 있다. 소비가 줄고 내수가 빠지자 고품질과 고가 전략을 추구하던 백화점들이 몸살을 앓고 있는 것이다. 백화점으로선 대대적인 변화를 하지 않으면 유통업에서 퇴출될 위기에 놓였다.

수 십년간 유통업에서 불패 신화를 이뤄 오던 백화점이 주춤해 졌다는 것은 2년 전부터 극명하게 드러나기 시작했다. 2011년 12월은 연말임에도 불구하고 백화점 매출은 대폭 감소했고 주가도 최대 20%가량 폭락했다. 20%를 웃돌던 매출 증가율도 하반기 들어 한 자릿수로 고꾸라지더니 9월 6.5%, 10월 3.1%에 그친 것으로 드러났다. 연말 특수 호황을 누리던 2010년과 비교하면 전혀 다른 현상이 벌어진 것이다.

백화점의 직접적인 매출 부진 요인은 위축된 소비에 있다. 하지만 일각에선 '소비자의 소비행태가 이미 탈백화점화 되고 있다' 며 백화점의 영업 전략 변화를 촉구하는 전문가들이 늘고 있다.

과거엔 '없는 것 없이 다 있어야' 백화점이었지만 최근 들어 백화점은 '선택과 집중' 을 통한 전문화가 자리를 잡고 있다. 그동안 있는 대로 끌어 모아둔 형태의 백화점만으로는 차별화 요소가 적어 신규 고객을 끌어들일 요인이 없다는 판단이 주효했다. 또 10대부터 20, 30대까지 패션에 관심 있는 소비자들은 인터넷모바일 쇼핑에 익숙해 있어 이들을 백화점으로 끌어들이기 위해선 '+α'가 필요하다는 자체 분석도 있었다.

최근 백화점들은 새로운 활로를 모색하기에 바쁘다. 이 가운데 하나가 '전문관' 개설이다. 하지만 실제 매출에 별다른 도움을 주지 못하고 있는 것으로 나타나 백화점들이 발만 동동 구르고 있다는 전언이다.

국내 백화점들은 또 차세대 먹을거리를 '복합 쇼핑몰'에서 찾기로 하고, 최근 이러한 형태의 복합 쇼핑몰로 변화하고 있다. 2년 전 김포공항에 오픈한 롯데몰을 비롯해 2015년 신세계가 오픈할 하남유니온스퀘어 등이 그런 예다. 신세계 관계자는 "자동차 보급이 활성화된 지금 단순히 물건을 사는 쇼핑이 아니라 나들이를 위한 여가 공간이란 개념을 접목한 복합 쇼핑 시설을 만들어야 한다"고 말했다.

그동안 국내 백화점들이 벤치마킹 대상으로 삼았던 일본 백화점은 저출산고령화 시대에 접어들면서 새로운 고객 창출에 실패해 쇠락의 길을 걷고 있다. 1999년 311개로 정점을 찍었던 일본의 백화점 숫자도 2009년 271개로 줄더니 지난해엔 10곳 이상이 폐점했다. 2011년 9월까지 일본 백화점 업계 총 매출액은 4조4천억엔으로 전년 동기 대비 3% 감소했다. 현재 일본 백화점업계 전체 매출은 20년 전 최전성기(1991년)의 약 63% 수준에 머물렀다.

전문가들은 백화점의 위기를 쇼핑과 여가, 문화생활 등을 함께 즐길 수 있는 복합 쇼핑몰을 통해 돌파해야 한다고 주장한다. 대표적인 예가 2008년 오픈한 일본 사이타마 현 이온레이크타운. 연면적이 36만㎡(10만8천 평)에 달하는 도쿄돔의 5.7배 규모로, 저스코(종합슈퍼)마루에쓰

(슈퍼마켓) 비브레(패션전문) 이온보디(건강미용상품 전문점) 등 565개 임대매장을 갖추고 있다. 대형 복합 쇼핑몰로 변신한 온레이크타운은 오픈 1개월 반 만에 입장객 870만 명을 돌파하는 등 큰 반향을 불러왔다.

2011년 5월 일본 오사카에 문을 연 JR 오사카미쓰코시이세탄도 화제다. JR 오사카역 재개발에 따라 기존의 다이마루 백화점 우메다점이 리뉴얼 증축해 문을 열었다. 이곳은 백화점 2개와 전문점, 영화관 등 상업시설과 호텔, 으피스가 결합한 초대형 복합 쇼핑몰이다. 이세탄백화점과 미쓰코시백화점그룹 합병 이후 처음 공동 개발한 점포로 시너지 효과를 내고 있다는 평이다.

고정관념을 깬 마케팅도 등장했다. 백화점은 주로 여성들이 찾는다는 고정관념을 깨고 '남성 전용관'을 내세운 것이다. 도쿄 쇼핑가인 유라쿠쵸(有樂町)에 오픈한 한큐 멘즈 도쿄는 기존 유라쿠쵸 백화점을 9개 층의 남성 전용 백화점으로 새 단장한 이후 연간 매출액이 약 1천800억원으로 급증했다.

2년 전 홍콩어선 대표적인 쇼핑몰 랜드마크에서 랜드마크 멘이란 복합 쇼핑몰이 오픈해 화제가 되기도 했다. 약 6천㎡ 규모로 루이비통발렌티노 맨구치 맨 등 전 세계 남성 명품 브랜드가 집결해 남자 고객 유치를 두 배 이상 키웠다.

▌배추 값으로 본 유통 경제학

2011년 배추 가격이 전년 대비 절반으로 떨어졌지만 2년 전 김장 비용은 평년(15만9천원)보다 33% 오른 것으로 조사됐다. 고춧가루와 새우젓 등 부재료 값이 전년 대비 50% 이상, 2009년 대비 2배 가까이 치솟았기 때문이다.

'황금배추'라는 표현이 나돌던 2010년 12월 초 경북의 한 지역에선 배추 수확이 한창이었다. 990㎡(300평) 크기의 이 밭은 산지유통인 K씨가 농가에게 330만원을 주고 밭떼기로 구입했다. 이날 K씨가 수확한 배추는 모두 2천400포기(800망)로, 1포기당 1천375원에 사들인 셈이다. 이 배추는 그날 밤 서울 가락시장으로 올라가 경매에 부친 결과 구입 가격보다 2배 이상 높은 1포기당 3천66.7원(1망당 9천200원)에 낙찰됐다. 이는 K씨가 엄청난 이익을 남긴 것처럼 보일 수 있는 대목이다.

하지만 K씨가 배추를 수확해 가락시장 경매에 나서기까지 들인 비용을 따져 보면 조금 다른 상황이 펼쳐진다. K씨는 우선 수확작업을 할 때 인부들에게 작업비로 1포기당 187.5원(총 45만원)을 들였다. 여기에 한 개당 130원 하는 그물망도 800개나 샀으며, 서울까지 트럭 운송비로 1포기당 216.7원(총 52만원)을 지불했다. 운송 도중 통행료와 통신비 등으로 배추 1포기당 63.6원이 들어갔다. 가락시장에서도 상장수수료(7%)로 1포기당 214.7원을 납부했다. 따라서 K씨가 각종 경비와 수수료를 제하고 얻은 이윤은 1포기당 965.9원인 셈이다.

K씨의 배추를 낙찰받은 중도매인 O씨는 1포기당 8.3원의 청소비와 감모 손실(포기당 61.3원)을 비롯해 점포 유지비·인건비·제세공과금 등 간접비 131.1원, 이윤 232.6원을 붙여 1포기에 3천500원을 받고 소매상 P씨에게 넘겼다. 소매상 P씨는 다시 운송비(133.3원)와 감모비용(70원), 점포 유지관리비·인건비·제세공과금·감가상각비 등 간접비(578원)를 비롯해 이윤 385.4원을 붙여 소비자에게 4천666.7원에 판매했다. 이렇게 산지에서 1천375원이던 배추가 4천667.7원으로 부푼 것이다.

배추뿐 아니다. 거의 모든 농산물이 이처럼 산지에서부터 소비자에게 판매되기까지 콕잡한 단계를 거치며 유통비용을 발생시키고 있다. 지난 해 농산물 부류별 유통비용 비율은 ▷식량작물 26.8% ▷엽근채류 68.7% ▷과채류 41.4% ▷양념채소류 49.1% ▷과일류 50.8% ▷축산물 44.3%로 조사됐다.

정부가 다각적으로 노력하고 있다고 하지만 유통비용이 10년 전과 비교해도 크게 개선되지 않고 있는 현실은 더욱 문제다.

가을 배추의 경우 최종 소비자 값에서 유통비용이 차지하는 비율이 2000년 66.7%였으나 2010년엔 70.5%로 오히려 늘었다. 당근 역시 같은 기간 동안 유통비용이 70.4% → 71.9%로 증가했으며, 오이·양파 등 상당수 농산물의 유통비용도 불어났다.

농산물은 수급 특성상 가격이 크게 변동하는 특성이 있다. 금방 생산이 가능한 공산품과는 달리 생산기간이 길고 계절을 타므로 공급이 가격에 대해 비탄력적이다. 농산물은 또 생필품이 많아서 수요 역시 가격에 대

해 비탄력적이다. 가격 비탄력성 때문에 농산물은 작은 공급량 변동에
도 가격이 크게 요동치게 된다. 경제학에서는 이를 거미집 이론으로 설
명한다. 어떤 해 농산물 가격이 낮으면 다음해 생산 감소를 가져와 다시
가격 앙등을 가져오는 식의 파동이 나타나는 것이다. 정부는 농산물 시
장의 이런 특성을 잘 알고 미리 대비해야 하는데, 사태가 걷잡을 수 없이
악화한 뒤에야 비로소 대책을 세우고 있는 것 아니냐는 비판에 직면해
있다.

〈식자재 유통망 개선하자〉

유통비용 절감을 위한 방법으로 가장 쉽게 이야기되는 것이 유통단계 축소다.
농산물이 생산자에서 소비자에 이르기까지의 과정 중 일부를 생략하면 그만큼 비용이 감소할 것이란 논리다. 산지에서 소비지로 직접 가는 직거래의 경우 도매시장이라는 경유지가 없기 때문에 물류비가 줄고 수수료가 절감된다. 도매시장 수수료로도 사라진다.
다만 기존 유통단계에 종사하고 있던 사람들의 새로운 활로 마련이 선행돼야 한다. 유통마진이 생업인 사람들은 유통단계가 축소되더라도 대형 우통업체 물류센터 등에서 다시 유통마진업에 종사할 것이 확실하기 때문이다.
이와 함께 실질적인 유통비용을 절감하려면 유통의 효율성을 높이는 데도 집중해야 한다. 수확 후 관리기술 도입으로 농산물의 감모율을 최소화하는 등 생산성을 높이고 산지 규모화로 물류 효율을 향상시키는 등의 방법을 고민해야 한다는 것이다. 저온 유통체계 등으로 감모 손실비용을 줄이는 방식 등의 비용 절감 방안이 이에 해당한다.

담합 공화국

......

기업들의 담합은 소비자들의 권리를 제한한다는 측면에서 법으로 엄격히 금지되고 있다.
하지만 일부 기업들은 법망을 피해 교묘하게 담합을 벌이며 소비자들을 우롱한다.
기업들의 담합은 침체된 경제로 가뜩이나 고통 받고 있는
서민들의 목줄을 움켜쥐는 역할을 하고 있다.

......

▌금융권의 CD금리 담합

2012년 7월 금융권에 '핵폭탄'이 발견됐다. 공정거래위원회의 양도성 예금증서(CD) 금리 담합 의혹이 그것이다. 문제가 해결되지 않을 경우 국내 금융 시장은 물론 국가 신인도까지 치명타를 입을 수 있다는 점에서 심각한 상황이었다. 그런데도 당국의 조사는 좀처럼 진도를 나가지 못했고 금융권의 반발은 갈수록 심해지는 등 문제의 심각성을 제대로 인지 못하는 분위기를 보였다.

공정위 담합 조사 순서

공정위 담합 혐의 인지
-업체 신고
-다른조사 진행 시에 담합 의심 사례 포착
-언론보도
증거취합
-서면질의
-담당자 조사
-주변 업체 조사
현장 조사
-증거 확보
심사보고서 작성
-조사대상 기업에 송부
-전원회의 제출
전원회의
-시정조치 및 과징금
 (관련 부당매출액의 10%까지 가능)
-전원 회의에서 라니언시 인정 여부 및
 순위 최종 결정
리니언시
접수기간
사무처장이
리니언시
인정여부
및 순위
잠정결정

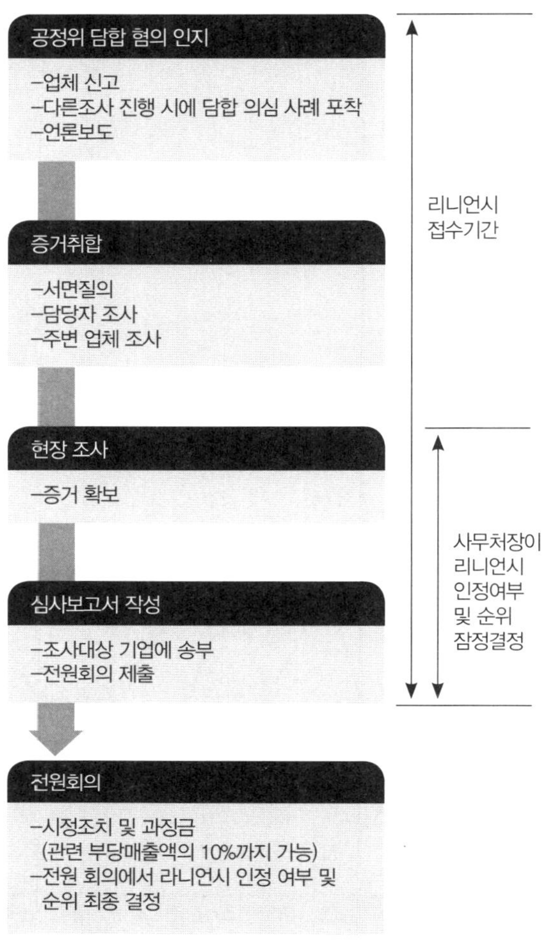

7월 17일 공정위가 전격적으로 조사에 착수하자 CD금리 담합 여부는 금방 결론날 것처럼 보였다. 국내외 장단기 금리의 하락에도 CD금리가 4월 9일부터 석 달 동안 연 3.54%에서 고정됐다는 확실한 증거가 있고, 일부 금융회사가 담합 사실을 공정위에 자백했다는 소문까지 돌았기 때문이다.

하지만 금융회사들이 조직적으로 반발하면서 변화가 생겼다. 사태를 진정시키기 위해 금융사들은 전방위적 로비에 들어갔고 정부와 금융감

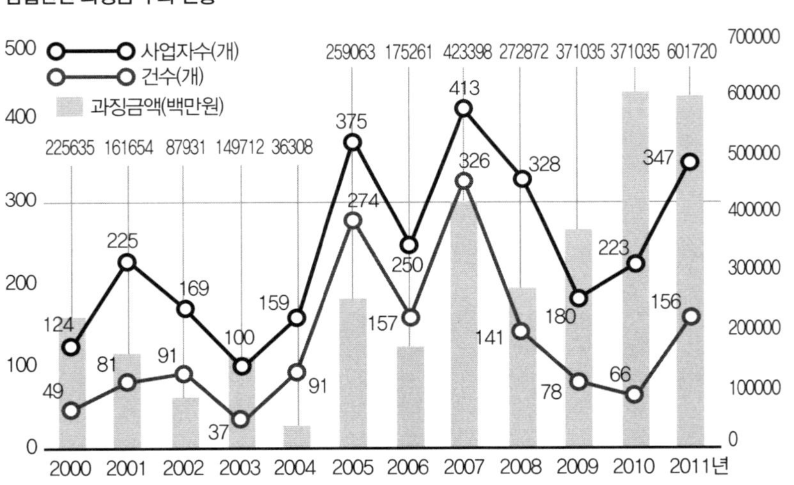

담합관련 과징금 부과 현황

독 당국에 자신들의 입장을 설득시키며 시간을 벌었다.

금융위 등 금융당국도 공정위 조사에 걸림돌이 됐다. CD금리 움직임이 수상하다는 것을 인지하던 금융당국은 공정위 조사가 시작되자 "협의도 없이 진행한다"며 불쾌감을 내비친 것이다.

이에 따라 공정위는 본격적인 조사가 시작된 지 한 달 뒤에도 시중은행 19곳의 현장 조사를 통해 확보한 자료를 분석만 하고 있는 상태이고 추가 현장 조사나 금융기관 관계자 소환 조사는 벌이지 못했다. 통상적으로 공정위는 현장 조사 자료 분석을 마친 뒤 필요에 따라 추가 조사를 실시한다. 이어 반론 등을 듣기 위해 관련자를 소환한다. 이 같은 절차를 진행하지 않았다는 것은 그만큼 조사 진척이 느리다는 의미로 해석할 수 있는 부분이다.

그래서 조사 기간이 길어질수록 '용두사미'(龍頭蛇尾)에 그칠 가능성이 높다고 점치는 이들이 많아졌다. 담합 사건은 조사가 길어질수록 증거인멸 가능성도 그만큼 높아지기 때문에 속전속결로 끝내는 것이 무엇보다 중요하기 때문이다.

CD 금리 담합 의혹에 대한 조사는 '메가톤급' 후폭풍을 몰고 올 가능성이 컸다. 당장 일부 시민단체는 금리 담합으로 대출자들이 막대한 피해를 보았다며 은행을 상대로 대형 집단소송을 준비하는 등 주식시장 불안해 졌다. 이보다 큰 문제는 의혹의 실체가 밝혀지지 않으면 국제 금융시장에서 한국 금융시스템의 신인도 하락도 불가피해 국내 경제에 치명타를 안겨 줄 수 있다는 점이다.

공정위 현장조사가 시작되기 직전에는 코스피시장에서 은행업종 주가는 무려 4% 가까이 폭락했다. 특히 금융업에 대한 외국인투자가들의 '팔자' 움직임이 두드러지는 등 '큰 손'들의 이탈현상도 감지됐다. 공정위 조사의 여파로 CD 금리가 낮아지면 이와 연동한 기업 및 가계대출 금리도 떨어져 은행의 순이자 마진이 감소하게 된다. 이는 곧 은행의 실적 감소로 이어질 수 있다는 예상에 따라 '큰 손'들의 손절매가 이뤄진 것이다.

공정위의 조사 결과에 따라 은행들이 막대한 과징금을 부과받게 되거나 그동안 과도한 이자를 부담했다는 소비자들의 집단소송에 휘말리면 상황이 더 나빠질 가능성도 배제할 수 없었다.

또 다른 문제는 한국의 금융 대외신인도에 타격을 줄 수도 있다는 점이다. 담합 의혹이 지속되면 국제 금융시장에서 한국 금융회사의 채권에 대한 기피 현상이 생길 수 있고 대한민국 국채 매입자가 줄어들게 된다. 국채의 성격상 수요가 줄어들면 채권 가격이 떨어지고 채권 금리는 상승한다.

채권 금리 상승은 국내 금융기관의 조달 금리가 그만큼 올라간다는 의미다. 집단소송 리스크가 해결되지 않으면 금융회사의 신용등급에도 직접적인 영향을 줄 수 있다.

■ 날려 버린 세 번의 기회

CD금리는 은행 이자의 기준이 된다는 점에서 부채가 있는 서민들의 이익과 직결된다. CD금리가 높아지면 은행 이자도 덩달아 높아져 그만큼 서민들의 허리만 휘어지기 때문이다. 그런데도 정부 당국은 금융권의 CD금리 담합 조사를 철저히 하지 않고 있다는 비판을 받고 있다.

더욱 문제가 되는 부분은 CD 금리를 손질할 만한 계기가 지난해까지 무려 세 차례나 있었지만 모든 기회를 날려 버렸다는 점이다.

첫 번째 기회는 2011년 말 미국과 영국 당국이 바클레이스가 리보(런던은행 간 금리)를 조작한 혐의에 대한 조사에 착수했을 때였다. 리보 금리 결정방식은 국내 CD 금리 산정 방식과 비슷하고 지난해 말에는 CD 금리가 시장 금리를 반영하지 못한다는 지적이 본격적으로 나올 때여서 점검해볼 만도 했지만 금융당국은 별다른 문제인식 없이 그냥 넘어갔다. 특히 당시에는 단기물인 CD 금리가 장기물인 국고채 금리보다 떨어지는 역전 현상이 4개월 이상 지속됐으나 이 또한 금융당국의 조사 대상에서 제외됐다. 채권은 만기가 길어질수록 위험이 커지기 때문에 장기물이 단기물보다 금리가 높은 게 일반적이다.

두 번째는 리코 조작 의혹이 사실로 밝혀졌을 때였다. 리보를 조작했다는 혐의로 조사를 받던 영국 바클레이스가 4억5천만달러의 벌금을 내기로 미국과 영국 당국이 합의했다는 사실이 알려진 시점이다. 의혹이 사실로 드러나면서 리보 조작 사건이 전 세계 금융시장을 강타했지만 국내 금융 당국은 CD 금리의 이상 유무를 챙기지 않았다. 당시 권혁세 금감원장은 직접 지시를 내려 태스크포스(TF)까지 구성했으나 금융권의 조직적인 반대에 막혀왔던 것으로 풀이된다.

마지막은 4월 9일부터 7월 11일까지 CD 금리가 3.54%에서 요지부동이었던 시기였다. 기준 금리가 고정돼 있기는 했지만 CD 금리가 한 달 이상 움직이지 않았다면 분명 비정상적인 상황으로 판단해야 했지만 금융 당국에서는 아무런 조치를 취하지 않았다.

〈은행들 담합에 서민 허리만 휘청〉

은행권이 담합으로 폭리를 취한 의혹을 받고 있는 반면 소비자들의 허리는 더욱 휘어졌다.
소비 패턴에 이어 금융거래에서도 양극화 현상이 심화되고 있는 것이다. 양극화란 서민들은 더욱 바닥으로 내몰리고 있고, 중산층은 붕괴하고 있다는 일종의 신호탄이어서 대책 마련이 시급한 상황이다.
한국은행 등에 따르면 2011년 소득 하위 20%인 1분위의 소득 대비 원리금 상환비율이 22.1%로 2010년 20.0%보다 증가했다. 이는 100만원을 벌면 22만1천원을 원리금으로 낸다는 뜻이다. 반면 같은 기간 소득 상위 20%인 5분위의 상환비율은 9.2%에서 9.0%로 줄었다.
전체 가계대출에서 소득별 가계대출이 차지하는 비중 역시 소득수준이 낮을수록 커졌다. 총 가계대출에서 연소득 2천만원 미만 가구가 신규로 가계대출을 받은 금액 비중은 2010년 말 10.7%에서 2011년 말 14.2%로 급등했다. 연소득 2천만~3천만원 미만 가구의 대출 비중 역시 같은 기간 19.1%에서 24.4%로 크게 늘었다. 반면 연소득 6천만원 이상 가구의 대출 비중은 2010년 말 19.7%에서 13.8%로 줄어 고소득자들은 경기침체의 영향을 덜 받았다.
저소득층은 연체율에도 취약했다. 연체율은 연소득 2천만원 미만 가구의 경우 2010년 말 0.54%에서 올해 1월 0.84%로 뛰었다. 같은 기간 6천만원 이상 가구의 연체율은 0.34%에서 0.44%로 소폭 늘어나는 데 그쳤다. 저소득층은 소득 감소로 대출을 더 많이 받지만 갚을 여력은 없어서 연체율이 급등하는 악순환이 수치로 입증된 셈이다. 가계대출의 불평등도도 높아졌다. 통계청 등에 따르면 가처분소득에서 부채가 차지하는 비중을 나타내는 부채 지니계수는 2006년 0.710에서 2011년 0.801로 급속하게 악화됐다.

대출 양극화의 주요인은 소득수준의 격차다. 통계청에 따르면 가처분소득에서 소비성지출을 뺀 흑자가 차지하는 비율인 흑자율이 1분위 소득계층은 2010년 —29.6%에서 2011년 —31.9%로 떨어졌다. 반면 5분위 소득계층은 2010년 36.3%에서 38.7%로 늘었다.

▮ 사회 곳곳의 담합 현상

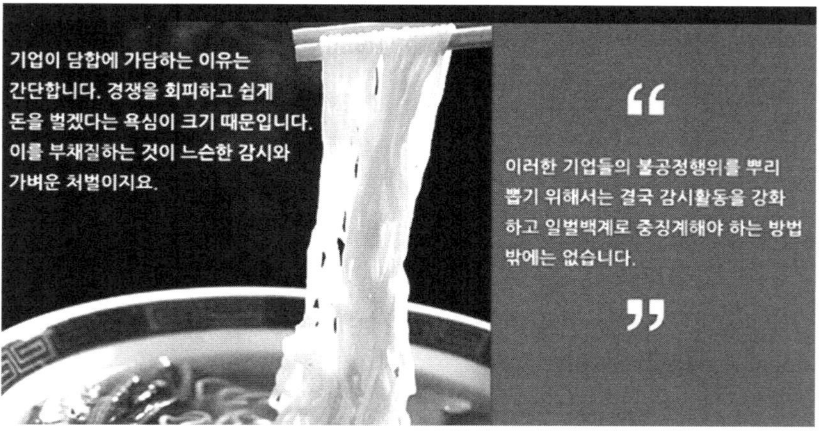

상품이나 서비스 제공자들의 부당한 담합으로 소비자나 국민이 피해를 보는 사례는 금융권 뿐만이 아니다.

지난 10년간 주말마다 캠핑을 해 왔다는 캠핑 전문가 김모 씨. 그는 "올해 들어 캠핑 용품 가격이 이유도 없이 급증한 것을 체감하고 있다"며 "아무리 비싸도 200만원을 넘지 않던 텐트가격이 고급 재료를 사용했다는 이유로 100만 원 이상 올랐다"고 말했다. 가격 상승에 대해 제조회사 측에 따져 물었지만 '원자재 가격 상승 요인을 반영했다' 는 알 수 없는 이유만 들었다고 한다.

하지만 최근 일부 사용자나 소비자 단체들은 캠핑용품 회사들이 '캠핑 열풍'을 틈타 가격 담합을 벌였기 때문이라고 주장한다. 이들은 국내 유명 캠핑 회사 3사가 모두 한 두달 간격으로 일제히 30%에서 최대 60%까지 가격을 올린 것을 증거로 제시했다. 2011년 원자재 가격 상승이 6~8%에 불과한 점도 담합 의혹을 증폭시키는 요인이다.

2012년 중순 '국민 간식'인 라면도 제조사들의 담합으로 소비자들에게 피해를 끼친 적이 있다. 4개의 라면 제조회사들이 라면 판매 정보를 공유하고 적정가격을 임의로 책정해 그 이하의 가격으로는 절대 도소매점에 제공하지 않았다. 당시 소비자들은 어느 마트를 가더라도 같은 가격이 붙어 있는 라면을 볼 수밖에 없었다.

여름밤을 식혀 줄 시원한 맥주의 경우 생산 회사가 한정돼 있어 시장 지배력이 클 수밖에 없다. 이런 맥주가 2011년 말 8% 가까이 상승한 데 이어 2012년 중순에는 대형마트 가격 라벨이 거의 같다는 지적이 나오고 있다. 실제로 2012년 6월 말 서울의 한 대형마트의 맥주 가격을 살펴보니 제조회사에 상관없이 캔 맥주 6개 들이 가격이 모두 7천250원으로 차이가 없었다.

이 밖에 유류할증료 담합으로 항공기 이용객들의 주머니를 털어 해당 업체가 과징금을 받기도 했고, 비료회사들의 가격 담합으로 농민들과 농수산물 소비자들이 손해를 입기도 했다.

담합은 국제 사회나 정치 분야로까지 확산되고 있다. 경제자유협정 (FTA)을 계기로 유럽연합에 진출하려는 국내 기업들이 담합한 의혹이 제기돼 조사를 받은 적이 있다. 이미 제일제당, 대상, 삼성전자, LG디스플레이, 하이닉스 등은 담합으로 현지에서 적발돼 과징금 처분을 받은 상태이다.

정치에서는 다수당의 논리를 소수당이 부정하려는 수법으로 담합 의혹이 제기되고 있다. 2012년 7월 경북도 일부 기초의회 의원들이 '새누리당 의원들의 임기 나눠먹기' 의혹을 제기했고, 경남의 일부 기초의회에서도 비슷한 일이 발생했다. 국회의원 사퇴 압력을 받고 있는 통합진보당 이석기김재연 의원도 자신들을 향한 칼날에 대해 '다수당의 담합적 횡포'라는 나홀로 주장을 펼쳤다. 여당인 새누리당과 거대 야당인 민주통합당이 담합해 자신들을 밀어내려 한다는 음모론을 제기한 것이다.

〈담합, 끊을 수 없는 유혹〉

담합을 뿌리뽑고 소비자들의 피해를 막기 힘든 이유는 주로 3가지를 들 수 있다.
첫째, 담합은 기업의 막대한 이익을 보장해 주기 때문이다. 4조원의 예산이 투입된 4대강의 경우 건설업체들의 담합 사실이 드러났지만 과징금은 1천억원에 불과했다. 과징금은 또 '딜'을 통해 줄어들기도 한다. 지난 해 한 야당 국회의원은 공정거래위원회가 나서서 삼성전자와 엘지필립스의 과징금을 무려 3천억원이나 깎아 줬다는 주장을 제기했다. '적발'이라는 위험요소가 있지만 이익 대비 과징금의 비율이 낮은 현실에서, 담합은 여전히 달콤한 유혹이다.
둘째, 감독기관의 관리 소홀로 인해 담합은 계속되고 있다. 담합을 적발하는 공정거래위원회의 경우 담합 적발 사건은 모두 사후 대처이다. 담합이 벌어진 기간 동안 손해는 고스란히 소비자가 감당했다는 이야기이다. 4대강 사업만 하더라도 공정위가 담합을 적발하기까지 무려 2년 6개월이 걸렸다. 특히 담합에 참여한 일부 업체가 자진 신고를 할 경우 해당 업체는 과징금 대상에서 제외되는 점도 문제이다. 담합을 통해 이득을 얻는 업체의 바람막이로 정부가 직접 나서는 아이러니한 상황도 발생할 수 있게 된다.
셋째, 소비자 보호를 위한 소송 제도가 부실하다는 지적이다. 담합을 적발해 거둔 과징금은 해당 소비자들에게 직접 돌아가지 않는다. 손해를 본 사람들끼리 모여 소송을 제기해야만 보상받을 길이 열린다. 하지만 소송 자체가 오래 걸리는 데다 실제 보상을 받기까지 절차가 너무도 복잡하다. 기업들은 소송인들이 지쳐 포기하도록 하는 재주가 뛰어나기 때문이다.

신용카드 불편한 진실

......

2011년 수수료 인하 압박에 시달리던 신용카드사들이 카드 수수료를 소폭 낮추기로 결정했다.
하지만 카드사들의 '생색내기 쇼'에 불과하다는 비판이 끊이지 않고 있다.
가맹점들의 추가 인하 요구에 카드업계는 "이미 충분히 양보했다"며 팽팽히 맞섰다.

......

▌ 편리에서 폭리로

신용카드는 '편리한 플라스틱 지갑'이라고 불릴 만큼 순기능을 한 측면이 있다. 또 각종 혜택과 할인이라는 무기로 서민들 경제생활에 안착해 온 것도 사실이다. 하지만 모든 금융상품에 공짜란 없다. 금리라는 개념이 붙으면 더욱 그렇다. 그동안 소비자들은 신용카드의 편리함을 누리기 위해 금전적 대가를 치러왔고 알게 모르게 많은 것을 양보해 왔다.

카드업계 최대 히트 상품 중 하나가 선할인 카드다. 매달 약정금액을 사용하면 자동차나 가전제품을 최대 100여만원까지 할인 해 주는 것이다. 하지만 모든 선할인 금액에는 할부수수료가 붙는다. 대부분의 소비자들은 이를 잘 모른다는 데 문제가 있다. 선할인을 받기 위해서는 최소 이용금액과 약정기간이 있다. 3년 약정으로 100만원을 할인받았다면 할인금액에 대한 할부수수료 3년치를 고스란히 내야 한다. 금액으로 환산하면 카드사별로 차이는 있겠지만 최대 30만원 가까이 드는 셈이다. 여기에 카드 사용금액 수수료를 더하고, 만약 연체라도 하게 되면 선할인의 의미는 사실상 유명무실해진다.

카드사들이 내세우는 가장 큰 무기는 주유 할인을 비롯한 각종 혜택.

특정 카드 가맹점에서의 할인 혜택 등이 소비자로서는 큰 매력이 아닐 수 없다. 그러나 이 같은 혜택을 줄이거나 아예 없에 버리는 게 최근 카드사들의 추세다. 소비자가 카드를 만들 때 준다고 한 혜택을, 만들고 나서는 차근차근 없애고 있는 셈이다.

실제로 현대와 롯데카드는 놀이공원 입장권과 자유이용권 혜택을 지난해 대부분 폐지했다. 신한, 우리, 농협하나카드는 이용실적 한도액을 수십만원씩 늘림으로써 같은 혜택을 누리려는 소비자들의 카드 수수료를 더 받아 챙기고 있다. 비판에 직면하자 결제 실적에서 현금서비스를 제외(KB국민카드)하거나 포인트를 축소(삼성카드)하는 편법을 동원해 교묘하게 예봉을 피해가는 경우도 있다.

이같이 카드사들이 서비스를 줄이는 문제에 대해 소비자들은 딱히 대응할 방법이 없는 현실이다. 카드사들의 이익만을 대변하는 허술한 약관 때문이다. 신용카드 개인회원 표준약관 14조에 따르면 카드사는 신상품 출시 후 1년이 지나면 부가서비스를 변경할 수 있다. 카드사로서는 변경된 혜택 조항을 6개월 전에 홈페이지나 이용대금명세서, 우편서신 등에 고지하면 그만인 것이다. 그러니 매번 소비자들만 봉(?)이되고 마는 것이다.

▌ 리볼빙의 허구성

　카드 금리가 만만치 않으니 소비자들로서는 눈덩이처럼 불어나는 연체 금리를 두려워하지 않을 수 없다. 이 같은 소비 심리를 간파한 카드사들이 내놓은 상품이 리볼빙 제도다. 돈을 갚지 못해도 연체되지 않는 서비스이다. 이용 금액의 5%에서 10%만 결제하면 남은 대금의 상환을 계속 미룰 수 있고, 목돈이 없어도 상환시점을 계속 연장할 수 있어 어찌 보면 소비자에게 유리한 것으로 보인다.

　하지만 금리란 잣대를 들이대면 전혀 그렇지 않다. 카드사들이 고시하는 최저 금리가 연 6~7%인 경우도 있지만 앞서 언급했듯이 재정상태가 넉넉하지 않은 대부분의 서민들은 등급이 낮아 최저 금리와는 무관한 실정이다. 실제로 리볼빙 이용자들의 평균 금리는 연 20% 이상에 달한다. 최고 금리(현금 서비스 기준)로 보면 연체이자와 큰 차이가 없는 셈이다. 오히려 리볼빙 최고 금리가 더 높은 곳도 있는데 한 지방은행의 경우 연체금리가 25%인데 반해 리볼빙 최고 금리는 연 25.95%였다. 리볼빙보다 연체하는 게 더 유리한 것이다. "갚을 돈이 없어지는 게 아니라 시간을 두고 빚이 더 늘어난다는 점을 명심해야 한다"는 금융감독원 김건섭 부원장의 조언을 곱씹어 볼 필요가 있다.

2012년 불거졌던 카드 수수료율 추가 인하 주장은 그동안 추진해 왔던 카드사들의 횡포에 가까운 상술에 대한 반발이다. 전국소상공인단체연합회는 "현재 대형 가맹점은 카드수수료의 일정 부분을 소비자에게 물려 1.5%의 낮은 요율이 적용되고 있는 반면 일반 가맹점은 이보다 높은 요율이 적용되고 있다"며 여전히 수수료율의 불합리성을 지적했다.

카드 수수료 인하 발표 전 금융당국과 정치권도 카드사들을 압박했다. 김석동 금융위원장은 "(카드사가) 사회 인프라를 제공하는 기관인 만큼 기능을 잃지 않는 범위 내에서 영업해야 한다"고 지적했고, 권혁세 금감원장은 카드사의 대표이사들을 불러 모아놓고 금리 및 수수료 인하 방안에 대해 논의하기도 했다.

여기에 "높은 카드 수수료는 신용카드사의 사실상 담합행동이다"(당시 김진표 민주당 원내대표), "대형 가맹점은 매출 규모가 크다는 이유로 낮은 수수료를 적용받는데, 중소 가맹점은 매출 규모가 많다는 이유로 더 높은 수수료를 적용받는 것은 재벌이 많이 사면 깎아주고, 중소상인이 많이 사면 더 비싸게 파는 격이다"(김영환 지식경제위원장)며 여야 정치권도 가세했다.

하지만 카드 수수료율 소폭 인하 발표 이후 카드사들은 "할 만큼 했다"고 버텼다. 카드사들은 "수수료 갈등이 잔존하는 이유는 정부가 시장경제의 원리를 깨트리고, 카드사가 큰 혜택을 누리고 있는 것처럼 본질이 왜곡되고 있기 때문"이라며 "카드사가 서민의 피를 빨아먹는 월가와 다를 바 없다고 매도하는 사회적 인식부터 바꿔야 한다"고 주장했다.

"카드의 원래 목적은 할부금융에 있다"고 금융권 관계자들은 전한다. 하지만 카드사들의 경쟁이 치열해지면서 이윤이 남지 않는 할부금융 대신 카드론이나 현금서비스 등 대출에 치중하고 있다는 점이 여전히 문제시되고 있다. 여기에 조달과 대출금리 차이 등을 감안하면 카드사들의 금리가 너무 높은 것 아니냐는 지적도 이미 오래전부터 제기돼 왔다. 카드사에서 대출받는 고객 중에는 은행을 이용하지 못하는 이들이 많기 때문에 카드사의 과도한 수익은 결국 서민의 등을 더 휘게 하는 요인이다.

가계부채 1천조원 시대에서 무엇보다 필요한 것은 카드사의 서민대출을 줄이고 이를 서민금융기관이 흡수하게 유도하는 것이다. 외환위기 이후 금융사의 영역이 무너지면서 업권별로 지나치게 확대된 영업 분야를 제한하고, 카드사 본연의 역할과 설립 목적에 맞게 운영될 수 있도록 내부 정화 노력이 필요한 시점이다.

회장님들의 위기 의식

대기업들의 경영 방침은 대부분 CEO들의 연초 신년사에 묻어난다.
이들이 신년사에 어떤 메시지를 담느냐에 따라
회사의 한 해 사업 방향을 가늠해 볼 수 있는 것이다.
하지만 최근 2년간 이들의 신년사에는 장기적 경기 악화로 인한
위기의식이 큰 자리를 차지했다.

▌ 2012년, 현장에서 길을 찾아라

선진국들의 경기침체와 중국 등 신흥시장의 성장률 둔화, 여기에 내수 시장 위축 전망까지 나오자 대기업들이 바짝 긴장했다. 삼성, 현대, LG 총수들은 '3인 3색' 새해 출사표를 내걸었으나 위기극복 해법이 현장에 있다는 점에서는 뜻을 같이했다.

3대 기업 총수 모두 2012년 1월 2일 신년하례식으로 공식 업무를 시작했다. 이건희 삼성전자 회장은 71세 생일을 맞은 9일 만찬을 한 뒤 이틀

날 곧바로 미국행 비행기에 몸을 실었다. 라스베이거스에서 열리는 소비자 가전전시회(CES)에 참석하기 위해서였다. 삼성 관계자는 "지난해 이 회장의 해외 일정 대부분은 평창동계올림픽 유치를 위한 것이었지만 올해는 삼성의 위상을 강화하는 데 할애할 것"이라며 현장 참석을 확대할 것을 시사했다.

정몽구 현대자동차 그룹회장은 2일 시무식 직후 계열사 사장단과 간담회를 하고 신년 경영계획을 논의했다. 이 자리에서 설 이후 본격적인 현장 챙기기에 나설 것임을 시사했다. 전년도에도 4차례 해외 현장을 방문한 만큼 현장 독려에 신경을 쓰고 각별한 투자가 이뤄질 것으로 전망된다.

구본무 LG그룹 회장은 새해 첫 주 LG전자 연구개발시설 등 주요 사업장을 방문하고 3D TV와 스마트폰 등 전략 상품을 직접 점검한다. 전년도 실적이 좋지 않았던 전자 계열사들의 분발을 촉구하고 관련 신제품 개발과 판매에 힘을 싣겠다는 포석이다. 구 회장은 지난해 2월 경북 구미 태양전지 공장과 충북 오창 전기차 배터리 공장을 시작으로 무려 9차례나 지방 현장을 직접 점검했다.

현장에서 답을 찾는 행보를 보인 3인의 총수지만 신년 일성만은 달랐다. 이 회장의 경우 올해 화두로 '일자리 창출'과 '투자 확대'를 꼽았다. 그는 최근 "우리는 다행히 과거에 이익이 난 게 좀 있으니까, 산술적으로 계산하면 오히려 투자를 좀 줄여야 하는데, 우리나라 경제상황을 보면 투자를 더 적극적으로 해서 다른 기업이 더 투자를 많이 하도록 유도

해야겠다”고 강조했다.

정 회장은 외형보다는 내실 다지기에 주력하겠다는 뜻을 밝혔다. 정 회장은 2일 현대차그룹 본사에서 열린 그룹 시무식에서 “올해 자동차 산업의 성장세는 둔화하고 업체 간 경쟁은 더 치열해질 것으로 예상된다”며 “보다 내실 있는 경영활동을 통해 글로벌 일류기업으로 도약하기 위한 기반을 다져야 한다”고 밝혔다. 그는 “소외된 계층을 보살피는 사회공헌과 협력업체와의 공생발전을 더욱 강화해 경제와 사회 발전에 공헌하는 모범적인 기업이 되도록 최선의 노력을 다하겠다”며 사회적 책임 문제도 강조했다.

구 회장은 예년에 비해 강도 높은 주문으로 조직에 긴장감을 불어넣었다. 구 회장은 “그 어느 때보다 결연한 각오로 우리가 반드시 해야 하는 일에 집중해 성과를 낼 시기”라며 “고객가치를 위해 씨를 뿌리고 차별적인 가치를 만들어가고 실천에 있어서도 적당한 시도에 머무르지 말고 될 때까지, 끝까지 도전해 주기 바란다”고 직원들을 독려했다. 그는 이어 “올해 사업별로 반드시 하나씩은 남다른 고객가치로 시장을 선도하는 제품과 서비스를 만들어 내자”며 분발을 촉구했다.

▌2013년, 위기 의식 심화

장기 침체로 기업들의 위기감은 어느 때보다 컸다. 그동안 혁신변화에 주력했던 기업들은 경제 위기임을 노골적으로 드러내면서 리스크 관리를 강조했다. 기업 총수들은 올해 신년사를 통해 경영 기조를 발표했는데 한목소리로 '한국 경제의 위기'를 외치며 철저한 준비로 위기를 기회로 바꾸자고 강조했다.

특히 공격적인 투자로 불황을 타개하자고 일제히 외쳤던 1년 전과는 분위기가 사뭇 달랐다. 이건희 삼성전자 회장은 "세계 경제는 올해도 저성장에서 벗어나기 어렵다. 험난하고 버거운 싸움이 계속될 것이다"고 말했고, 정준양 포스코 회장은 "전 사업 부문에서 극한의 시련을 감내해야 하는 한 해가 될 것"이라며 험난한 한 해가 될 것임을 예고했다.

한편 성장 동력을 확보하기 위한 투자는 계속하지만 리스크 관리도 철저히 하겠다는 의지도 엿 보였다. 품질을 통한 브랜드 혁신(정몽구 현대자동차그룹 회장), 세계시장을 뒤흔들 수 있는 시장 선도 상품 개발(구본무 LG 회장), 차별적이고 경쟁력 있는 기술과 품질 혁신(허창수 GS 회장), 영업력 강화와 근본적인 경영체질 개선(이재성 현대중공업 사장), 가격경쟁이 아닌 가치경쟁으로의 패러다임 전환(정준양 회장) 등이 같은 맥락으로 주장했다. 올해 경영 방침을 혁신과 도전으로 정한 정몽원 한라그룹 회장도 "외부 탓만 하지 말고 우리 내부부터 잘하고 있는지 자성하고 위기의식을 갖자"고 강조했다. 박용만 두산그룹 회장은 "선도 기업을 따라잡는 수준을 넘어 그들을 앞서기 위해서는 기술과 원가 등에서 근원적인 경쟁력을 높여야 한다”고 강조했다.

경기침체 장기화에 따른 양극화 현상이 심화될 것으로 전망한 CEO들은 사회적 책임도 강조했다. 이건희 회장은 “투자와 고용으로 사회에 희망을 주고 국가 경제에 활력을 불어넣자”고 말했고 구자열 LS그룹 회장과 나세르 알 마하서 에스오일 사장도 혁신 경영과 함께 사회적 책임 이행을 중점 과제로 꼽았다.

금융계 주요 최고경영자(CEO)들은 사자성어를 통해 신년사를 발표했다. 뜻은 각각 다르지만 저금리, 저성장, 저수익 등 2013년 금융을 짓누르는 ‘3저(低) 기조’에 대한 고민이 담겨 있다.

이순우 우리은행장의 새해 첫 화두는 ‘운근동죽’(雲根凍竹언 바위 틈새로 뿌리를 깊이 내린 겨울 대나무)이다. 부동산 경기 침체와 가계부채 부실 가능성, 건설해운 업황 부진 등을 이겨내고 새로운 먹을거리를 발굴해야 한다는 뜻이다.

서진원 신한은행장은 ‘우직지계’(迂直之計)의 자세를 강조했다. 당장의 성과가 나오지 않더라도 멀리 내다보자는 뜻으로 현재의 답답한 심정을 담고 있다. 김정태 하나금융그룹은 ‘법고창신’(法古創新옛 것을 익혀 새로운 것을 창조한다)을 주장, 은행의 본분을 지키면서도 정확하고 빠른 판단으로 성장세를 유지하자고 강조했다.

민병덕 KB국민은행장은 임직원이 명심해야 할 자세로 ‘다난흥방’(多難興邦)을 들며 어려운 때일수록 서로 단결하고 분발해 공생해야 한다고 강조했다.

한편 지난해까지 대대적인 구조조정을 감내해야 했던 건설업계의 위기감은 상당했다. 국내는 물론이고 해외 건설 부문에서도 경쟁이 심화되고 특히 수익성 저하가 우려되자 성장보다는 경영 관리로 돌아서는 업체들이 부쩍 늘었다.

대표적인 예르 대우건설의 서종욱 사장은 "효율성 혁신을 통해 프로젝트의 견적입찰계약시공준공의 전체 사이클을 효율적으로 관리해 나가겠다"고 말했다.

김윤 대림산업 부회장도 "글로벌 시장에서 가격경쟁은 더욱 심화되고 있다"며 "비가격 전략을 구사해 새로운 사업 기회를 포착해야 한다"고 강조했다.

올해 건설업체 최고경영자의 신년사에서 나타난 또 하나의 특징은 그동안 기업 성장의 기준으로 삼았던 매출과 수주 목표액이 사라졌다는 점이다. 이는 기존의 양적 성장보다는 질적 성장에 무게를 뒀기 때문으로 보인다. 정연주 삼성물산 부회장은 "고객과의 네트워크를 구축하고 프리마케팅을 통해 사업 기회를 적극 발굴하고 확장해 나가야 한다"고 강조했다.

유통업계는 공격적인 글로벌시장 진출을 통해 위기를 극복하겠다는 의지를 나타냈다. 듣기에 따라서는 글로벌 진출을 위해 위축되고 있는 국내 시장을 포기하겠다는 말로도 해석될 수 있는 부분이다. 이승한 홈플러스 그룹 회장은 시무식을 통해 '세상을 이끄는 반응경영'을 새해 경영 방침으로 제시했다. 그는 "지금처럼 우리가 당면한 경제적 어려움의 끝이 언제일지 예측하기 어려운 불확실성의 시대에는 한발 앞서 미래를 예측하고, 이에 빠르게 대응하는 반응의 속도가 경쟁력의 핵심"이라며 "올해 온라인쇼핑 신유통 서비스알뜰폰(MVNO) 사업 등 신성장 동력을 강화, 업계를 선도해 나가겠다"고 밝혔다.

서경배 아모레퍼시픽그룹 회장은 '함께 가자'(TEAM Together)를 신년 화두로 걸고 "올해 글로벌 사업에 박차를 가하고 글로벌 고객에게 사랑받는 제품 개발에 나서자. 글로벌 전문 연구기관과의 폭넓은 네트워크를 강화해 글로벌 시장의 트렌드에 빠르게 대응하겠다"고 강조했다.

허영인 SPC그룹 회장은 "파리바게뜨가 중국, 미국, 베트남, 싱가포르 시장에서 자리를 잡아가고 있다. 올해 북미시장을 적극 공략하고 동시에 다른 동남아 국가에도 진출할 계획"이라며 공격적인 세계시장 진출 계획을 밝혔다.

궁여지책 주식

......

경제 불황으로 실업이 늘고
마땅한 일거리가 줄어들자 국민들은 새로운 소득원을 찾아 해맸다.
가장 쉽게 접할 수 있는 신소득원이 바로 주식이었다.
하지만 큰 손들이 지배하는 주식시장에서 개미들(일반 투자자들)은 그저 먹잇감에 불과했다.

......

▌빚내서 주식 투자

빚을 내서 주식이나 선물 거래에 참여하는 가구가 두 배로 급증한 것으로 나타났다. 특히 임시 · 일용직 등 저소득층의 가세가 이어지며 가계 부채 급증에 대한 우려감을 높이고 있다.

올해 금융투자업계와 통계청 등에 따르면 증권 투자금 마련을 위한 담보대출 규모는 2010년 부채보유 가구당 15만9천원에서 2012년 31만2천원으로 15만3천원 늘었다. 이는 96.4% 증가한 금액으로 약 2배 가까이 급증한 것이다. 담보는 살고 있는 주택을 비롯한 부동산과 자동차, 예금, 적금, 보험, 펀드, 채권 등이었다.

이뿐 아니라 마이너스 통장을 비롯한 신용대출도 같은 기간 가구당 11만2천원에서 24만원으로 두 배 넘게 증가했다. 특히 소득 하위 20% 가구의 증권투자 목적 담보·신용부채가 2010년 가구당 1만1천원에서 2012년 18만9천원으로 2년 사이 17배나 늘어 저소득층과 임시·일용직, 자영업자 가구가 증권 투자를 위해 빌린 돈이 급증한 것으로 나타났다. 같은 기간 소득 중위권(40~60%) 가구의 관련 부채는 6만8천원에서 18만6천원으로 2.7배로 느는데 그쳤다. 상위 20% 가구는 가구당 56만2천원에서 124만1천원으로 67만9천원 증가했다.

임시·일용직 가구가 증권투자금으로 대출한 금액은 1만1천원에서 14만6천원으로 1천181%라는 엄청난 증가율을 기록했다. 이어 자영업자(876%), 기타 무직(415%) 등 순으로 증가율이 높았다.

상용근로자의 관련 부채 증가율은 28.4%에 그쳤다. 연령별로는 청년층과 50~60대의 증권투자 목적 담보·신용부채 증가율이 상대적으로 높게 나타났다.

특히 가구주가 30세 미만인 부채보유가구의 경우 2010년만 해도 관련 부채가 전혀 없었지만, 2011년 47만1천원, 2012년 52만7천원으로 급등세를 보였다.

전문가들은 2008년 세계 금융위기 이후 일부 수출 업체를 제외한 대부분 기업이 침체에 빠지면서 소득이 불안정해진 취약 계층이 주식 투자로 이를 보충하려 했기 때문인 것으로 분석했다.

이처럼 빚까지 내가며 주식시장에 뛰어든 사람이 늘었지만 정작 기업의 자금조달에는 큰 도움이 되지 못한 것으로 드러났다.

한국거래소에 따르면 유가증권시장 일 평균 주식회전율은 2010년 10월 29.3%에서 작년 12월 30.5%로 거의 변동이 없었다. 하지만 같은 기간 월별 일평균 거래대금은 2010년 1월 6조2천억원에서 작년 12월 4조4천억원으로 29%나 줄었다.

2012년 코스피 수익률이 부진했던데다 중소형주 외에는 시장 주도주가 없었던 사실을 감안하면 소형주 위주의 단타 매매에 취약 계층이 이끌렸을 가능성이 크다는 것이 전문가들의 분석이다. 대출돼 증시로 흘러들어 간 돈은 만기 전에 회수가 이루어져야 하기 때문에 투기성 자금이 될 가능성이 높기 때문이다.

한국거래소 관계자는 "대선 테마주를 비롯해 일부 급락과 등락을 보이는 종목을 분석해 보면 거액을 가진 작전세력이 아니라 다수의 개인 투자자로 이뤄져 있는 경우가 많다"고 말했다.

■ 정치인 테마주는 허구

정치인 테마주의 허구를 극적으로 잘 보여 준 케이스는 2011년 치러진 서울 시장 선거였다. 야권 단일 후보였던 박원순(현재 서울시장) 씨와 한나라당 나경원 후보를 둘러싼 테마주는 모두 하락세를 면치 못했다.

당시 투자자들은 주로 장기 투자보다는 소액의 단타(단기간에 주식을 사고파는 것) 성향을 지니고 있었다. 단타 매매는 수수료 등 부담요인과 리스크가 큰 데다 '큰손' 격인 외국인 투자가 전혀 이뤄지지 않아 결국 개미들만 손해를 보고 끝이 나는 경우가 많은데 사실로 드러났다.

서울 시장 경선 과정에서 한창과 휘닉스컴이 대표적인 테마주로 분류되면서 주식 시장을 뜨겁게 달궜다. 두 주식은 한때 5일 동안 상한가를 기록하는 상승세를 보이기도 했다. 휘닉스컴은 창업주인 홍석규 회장이 박원순 당시 후보와 경기고 70회 동기라는 점에서 주목을 받았다. 박 후보에 대한 수혜 관측으로 휘닉스컴은 박 후보가 야권 단일후보로 선출되고 난 직후부터 6거래일 연속 상한가를 기록했다. 9월 초 1천300원에 불과한 주가도 4천400원을 호가하는 등 한 달 새 무려 238%나 비정상적으로 상승했다.

하지만 당시 개미일반인들의 매수를 폭주 속에서 전문가들은 주가 상승을 지지할 만한 펀더멘털의 변화가 없다는 이유에서 휘닉스컴의 상승세를 우려했다. 실제 이 회사의 매출액은 지난 2007년 560억원을 기록한 이후 지속적으로 줄어들면서 결국 254억원으로 반 토막이 났고, 지난해 상반기에도 대형광고주들이 이탈하면서 광고취급액이 전년 동기 대비 34.4%나 감소했다.

한창의 경우 문제가 더욱 심각했다. 한창은 최승환 대표이사가 나 후보와 서울법대 82학번 동기로 알려지면서 이른바 나경원 테마주에 편입됐다. 이 회사는 부산시 연제구에 위치한 통신장비 및 소화방재용품 기업이다. 입지 조건에 있어 '서울시장'과 전혀 관련이 없었고, 기업 펀더멘털 측면에서도 주가 급등을 설명하기 어려웠다. 2009년 부터 3년간 매출액은 140억 원으로 비교적 안정적이지만 선거가 있던 해인 2011년에는 상반기 영업이익이 1억4천만원으로 줄어 들면서 전분기 대비 −44%를 기록했다. 이런데도 나 후보가 서울시장 후보로 나오기 직전 275원에 불과했던 한창의 주가는 후보 등록 이후 785원으로 한 달도 안 돼 185%나 뛰었다.

문제는 이런 폭등의 '주역'이 개인투자자들이라는 점이다. 두 업체에 일반인이 올인하는 동안 외국인은 관망했고 기관은 수 십억원을 오히려 매도했었다.

▍주식 시장 전망

올해 1월 국내 주식시장은 지속되는 환율 문제와 돌발 변수인 뱅가드 이슈로 인해 글로벌 주식시장 강세에도 불구하고 부진한 모습을 보였다. 엔저 현상으로 당분간 주식시장의 약세가 이어질 전망이나 연간 전망은 긍정적이다. 전문가들은 상저하고의 흐름을 예상하며, 신정부 출범과 글로벌 경기회복 등을 주식시장의 강세를 전망하는 이유로 들었다.

69.16포인트. 코스피지수의 올해 초의 성과다. 1월 2일 2013년 첫 장을 전영업일대비 34.05포인트 증가한 2031.10포인트에 마친 코스피지수는 한 달 후인 1월 31일 1천960선까지 밀려났다. 지난해 말 2013년 주식시장을 상고하저(上高下底)를 내놓은 증권사들의 전망을 무색하게 만드는 순간이다. 그럼에도 불구하고 업계 전문가들은 올 한해 주식시장이 좋을 것으로 예상했다. 최근 보이고 있는 나홀로 하락세도 단기적인 현상이라는 게 지배적 의견이다.

지난 4년간의 글로벌 자금 흐름도 주식시장 강세 전망에 무게를 실어준다. 최근 4년 동안 미국, 유럽 등지에서 발생한 악재에도 불구하고 한국을 비롯한 신흥시장에서는 채권(2009년 이후 179조원)과 주식(2009년 이후 54조원) 등에 대한 대규모 순매수가 유지됐다. 특히 안전자산에 대한 선호도가 높아지면서 지금까지는 주식보다 채권의 매수 규모가 컸다.

글로벌 경기회복에 대한 기대감이 커진 상황이지만 아직까지 안전자산과 위험자산에 대한 선호도가 팽팽하게 맞서고 있는 상태다. 하지만 금융위기 이후 글로벌 경기에 대한 더블딥 우려나 국가 디폴트 위험이 점차 완화되는 방향으로 전개되고 있다는 점에서 향후 글로벌 자금 흐름은 안전자산에서 위험자산으로 빠르게 옮겨갈 것으로 전문가들은 내다본다.

주식시장에선 여전히 변수는 존재한다. 지난해 주식시장은 지지부진했던 반면 채권은 우수한 성과를 기록했다. 국고채는 지난 1년 동안 6.5%(한경−KIS−로이터 국고채 지수 기준)의 수익률을 올렸으며, 그 성과는 투자 기간이 긴 채권일수록 높았다. 7월과 10월 두 차례에 걸쳐 단행된 기준금리 인하 덕분이다. 올해는 이 바통을 주식시장에 넘겨 줄 수 있을 지가 시장의 큰 관심이다.

한 애널리스트는 "채권시장에서 빠져나간 자금이 주식으로 갈지 알 수는 없지만 분명한 것은 채권시장 전망이 밝지 않다는 것"이라고 말했다. 올해 채권시장을 부정적으로 보는 이유는 금리이다. 글로벌 경기 회복세로 돌아선 만큼 금리 인상이 불가피하기 때문이다.

박근혜 정부의 탄생으로 한차례 금리 인하가 이뤄질 것으로 예상되지만 그 영향 또한 크지 않을 것이란 게 전문가들의 분석이다. 하지만 하반기에 경기 회복속도가 빨라질 경우 채권 금리는 압박을 받을 수밖에 없다. 이에 지난해 우수한 성과를 보였던 장기채권의 수익률이 하락할 가능성이 높다. 다라서 채권투자를 유지할 투자자라면 단기 채권 위주로 접근할 것을 전문가들은 권했다.

글로벌 경기 회복세로 주식시장의 변동성이 줄어들고 상승세로 돌아설 경우 그간 안전적인 수익 창출을 이유로 주목받았던 채권의 투자 매력이 떨어질 수밖에 없다. 이에 채권 시장을 이탈한 투자자금이 상대적으로 투자매력이 높아진 주식시장으로 유입될 것으로 전문가들은 기대한다.

올해 전문가들이 주식시장의 상승을 점치는 가장 큰 이유로 정권교체이다. 과거 신정부 출범 사례를 통해 살펴보면 주로 집권초기에 재정부양이 강하게 형성되며 민간소비 자극을 통한 내수활성화 정책이 자주 시행됐다. 최근 박 대통령이 내비치고 있는 경기 하강 우려에 대한 정부의 적극적인 대처 의지도 신정부 효과를 기대하게 만든다.

국내 증시의 주가수익비율(PER)이 신용

등급이 동일한 국가보다 낮은 것도 올해 주식상승을 기대하는 이유 중 하나다. 국제신용평가사 무디스 기준 국가 신용등급이 Aa3인 국가는 한국을 포함해 중국, 일본, 대만, 벨기에 등이다. 이들 국가의 평균 PER은 13.3배인데 반해 한국 증시의 PER은 10.1에 불과하다. 일반적으로 국가 신용등급의 상향은 해당국 증시에 긍정적인 이벤트다. 위험 프리미엄이 낮아져 외국계 자금의 유입이 빨라질 수 있다.

이머징 마켓의 경기 부양 정책에 대한 기대감도 국내 증시에 긍정적인 영향을 미칠 전망이다. 그간 글로벌 경기 부진의 주요인이 됐던 유럽연합(EU)나 미국과는 달리 경기 성장세가 뚜렷하고 재정여력이 상대적으로 높은 신흥국가들이 내수 중심의 경기부양책을 추진할 것으로 기대된다.

이처럼 올해 주식시장은 다양한 측면에서 긍정적인 전망이 나오고 있다. 일부에선 바닥을 쳤다는 말도 들린다. 하지만 이러한 전망이 지수에 국한된 전망은 아니란 게 전문가들의 의견이다. 지난해 말 예상하지 못했던 뱅가드 이슈처럼 돌발 악재가 발생할 경우 지수는 기대와는 달리 부진할 수 있지만 개별 산업이나 종목 위주의 강세를 보일 수도 있다.

〈1주 사고 알차게 활용〉

최근 주말만 되면 스키장을 찾는 스키 마니아에겐 강원랜드 주식이 큰 관심거리다. 주식을 딱 한 주만 가지고 있어도 강원랜드에서 운영하는 하이원리조트의 각종 서비스를 싸게 이용할 수 있어서다.
강원랜드는 보유 주식 수와 관계없이 주주명부에 등재된 주주들에게 호텔·콘도는 20~70%, 리프트·렌털은 30~50%를 할인해 주는 혜택을 제공한다. 비수기나 주 중엔 할인 폭이 더 크다. 2007년부터 주주를 우대하기 위해 도입된 제도이다. 강원랜드의 주가가 2만8천원 선인 데 반해 주주들은 콘도(34평) 이용 시 최대 20만원을 절약할 수 있다.
듀오백코리아는 주주들을 대상으로 매년 2~4월 제품 할인행사를 진행한다. 올해로 7년째 진행돼 온 이 행사는 주주들에게 인기 제품을 최대 35% 할인된 가격으로 판매한다. 역시 한 주만 보유해도 혜택을 받을 수 있으며, 1년 이상 주주 자격을 유지하면 할인쿠폰을 더 많이 주는 식으로 장기투자자를 우대한다.
주주우대 제도란 자사주를 한 주라도 매입한 주주에 대해서는 자사 상품을 저렴하게 서비스하는 것을 뜻한다.
이런 주주 우대 제도는 외국에서 도입했다. 하지만 아직까지 우리나라에서는 혜택만 누린 뒤 바로 주식을 팔아 버리는 주주 때문에 제대로 정착되지 못했다. 실제로 우리금융지주는 2008년 주주들에게 플래티넘 카드 연회비 12만원을 면제해 주는 등의 주주 우대 프로그램을 도입했지만 남용하는 주주들이 늘자 2년 전 이를 축소했다.

부동산 트랜드

······

부동산 시장이 꽁꽁 얼어붙은 지난 해엔 땅콩주택 등
새로운 활로를 모색하는 소비자들이 만든 신조어들도 등장했다.

······

▌ 땅콩주택의 탄생

2008년 글로벌 금융위기 이후 수도권 아파트값이 맥을 추지 못하면서 단독주택에 대한 관심이 높아졌다. 단독주택 거래량이 지난해 8만4천445건에서 올해(10월 말까지) 9만9천877건으로 늘었고 건설실적도 올해 4만2천412가구로 지난해(3만7천641가구)보다 12.7% 증가했다. 단독주택과 소형의 결합상품으로 등장한 게 '땅콩주택' 이다. 한 개 필지에 2가구가 나란히 지어진 모습이 땅콩을 닮았다고 해서 붙여진 이름이다.

미국에서는 '듀플렉스(duplex) 홈'으로 불린다. 단독주택의 쾌적함을 누리면서 땅값건축비용을 절반 가까이 줄일 수 있다는 것이 특징이다. 땅콩주택에 이어 한 개 필지에 3, 4가구가 함께 사는 '완두콩주택'도 있다.

한편 2011년 가을 이후 전셋값이 급등하면서 '렌트 푸어'(Rent-Poor)란 신조어도 등장했다. 치솟는 전셋값을 감당하는 데 소득의 대부분을 지출하느라 여유 없이 사는 사람을 뜻한다. 집값 하락, 대출이자 증가 등으로 소득이 줄어 어렵게 사는 사람을 일컫는 '하우스 푸어'(House-Poor)의 전세판인 셈이다. 2011년 전국 아파트 전셋값은 15.7% 상승했다. 전셋값 급등은 비싼 전셋값을 내지 못해 좀 더 싼 전셋집을 찾아 떠도는 '전세난민'을 양산했다.

집주인들이 전셋값 상승분을 월세로 돌리면서 '반전세'가 크게 늘었다. 반전세 증가로 임대차 시장에서 전세 비중이 크게 줄었다. 결혼했지만 비싼 전셋값 때문에 전셋집을 구하지 못하고 부모와 함께 사는 '캥거루족'도 생겼다.

오피스텔은 지난 한 해 동안 부동산 시장에서 가장 뜨거운 관심을 끈 상품으로 떠올랐다. 집값 보합세, 12인 가구 급증 등으로 임대수익형 부동산이 주목받으면서 오피스텔에 투자자들이 몰린 것이다.

정부가 올해 오피스텔 임대에도 양도세 등 세제 혜택을 주기로 해 오피스텔 투자 열기는 연말까지 식지 않고 달아올랐다. 기능도 좋아졌다. TV 등 각종 가전제품과 가구를 갖춰 몸만 들어가면 되는 '풀퍼니시드'

(full-furnished) 시스템이 도입되고 평면이 다양해졌다. 피트니스클럽, 옥상정원, 사우나 등 아파트 못지않은 커뮤니티 시설도 갖추고 있다.

▍지방 땅 값, 천차만별

같은 지역이라도 지방 땅값이 천차만별이다. 특히 5대 광역시와 중소도시의 땅값이 벌어지면서 같은 지방이라도 거대 도시는 하락하고 있지만 작은 도시는 반대 현상을 띠고 있다. 지방의 땅값도 양극화 현상이 나타나는 것이다.

가장 큰 원인은 수급 불균형 때문이다. 최근 2~3년 사이 공급이 몰렸던 광역시 아파트 가격은 하락세지만 비슷한 시기 공급이 상대적으로 적었던 중소도시에선 가격 상승세가 유지되고 있다.

중소도시는 대표적으로 천안의 분양 열기가 뜨겁다. 한 건설사의 모델하우스엔 사흘 동안 방문객 수가 1만5천 명에 달했다. 그동안 분양이 거의 없었고 인근 세종시 인구가 포화하면서 호황을 누리고 있다는 분석이다.

광역시보다 상대적으로 주택 공급이 적었던 지방 중소도시는 올해에도 분양 열기를 이어갈 것이란 전망이 많다. 최근 대형 건설사들이 5대 광

최근 3년간 지방 아파트값 변동률 단위:%

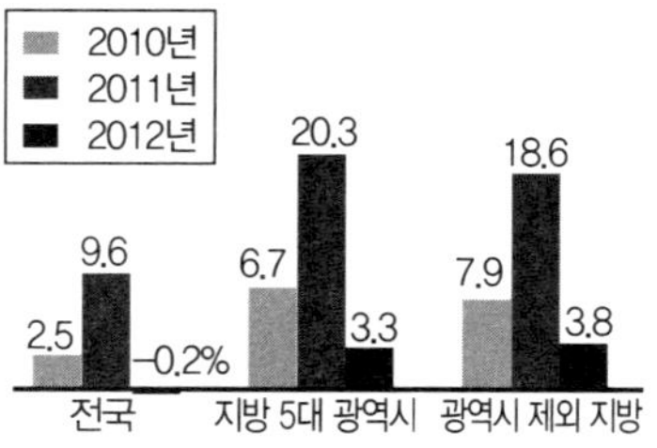

최근 3년간 지방 아파트값 변동률 단위:%

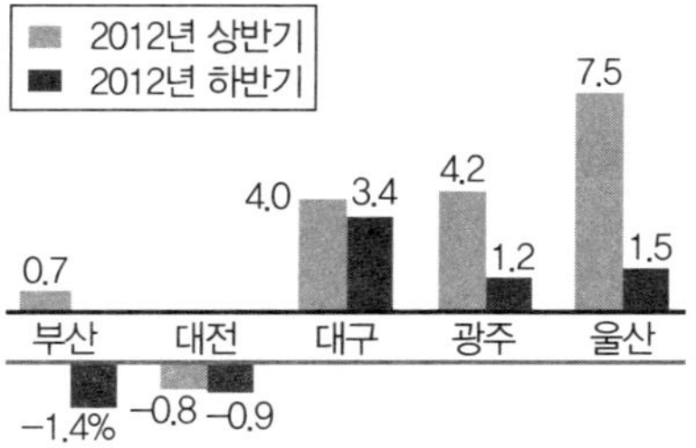

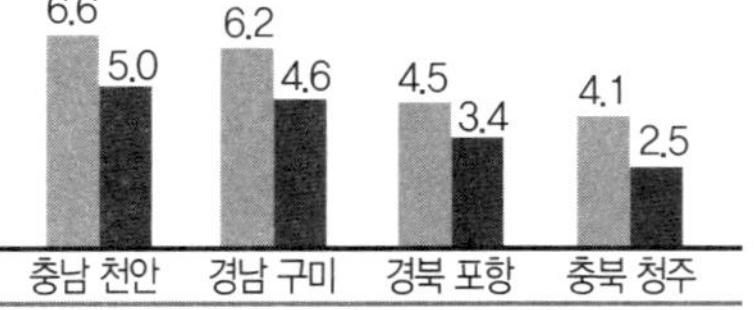

역시에 주로 몰리면서 공급 과잉 우려가 커진 상태지만 중소도시는 그동안 공급이 뜸한 상태였기 때문이다.

실제 2012년 경북 구미포항 등의 아파트 가격은 평균 8~11% 올랐다. 충남 천안아산의 아파트값도 10~12% 안팎 올랐다. 두 지역 모두 글로벌 경기침체 이후 공급이 많지 않았다는 게 공통점이다.

지방 중소도시에는 노후 주택도 많아 '갈아타기' 수요가 더 나올 것이란 분석도 나온다. 작년 국토해양부가 인구 50만 이하의 지방 43개 도시를 조사한 결과 전체 가구 중 노후불량주택 비율이 26.2%로 전국 평균(18%)보다 높았다.

반면 대구와 광주, 대전 등 대도시는 올해 각각 6천~7천 가구에 입주가 예정돼 있는 등 2012년보다 최대 2배 이상 입주량이 늘어나 공급 포화 상태다. 공급 과잉은 집값 하락으로 이어졌다. 2011년 연평균 20.3%나 올랐던 5대 광역시 아파트값은 작년 3.3% 상승하는 데 그쳤다. 특히 부산은 작년 하반기에는 1.4% 떨어져 아예 하락세로 전환됐다. 대전은 상하반기 모두 집값이 0.8~0.9% 떨어졌다.

이러한 트랜드는 올해 이어 내년에도 이어질 것으로 보인다.

제2장
뜨는 산업

경제 불황으로 숨막히는 한 해를 보냈지만 일부 시장은 오히려 성장했다.
일부 업체는 발빠르게 트렌드에 적응하면서 큰 성공을 거둔 사례도 발생했다.
지난해 선전하거나 시장에서 새롭게 부상한 산업과 현상들을 정리했다.

엔젤 산업

......

1가구 1자녀가 늘면서 중국의 소황제 현상은 더 이상 남의 나라 일이 아니게 됐다.
우리나라도 1~2명 뿐인 자녀를 위해 상당액의 소비를 지출하는 나라가 돼 버렸다.
이런 상황에서 어린 자녀를 겨냥한 시장은 갈수록 커지는 형국이다.

......

▋ 명품화되고 있는 키즈산업

1. 서울 강남구에 사는 홍해민(10) 양은 지난해까지 5월 5일이 무슨 날인지 몰랐다. 최근 어린이날이라는 것을 알았지만 일상에서 큰 변화는 없었다. 평상시 홍 양의 부모님은 외동딸이 원하는 것이라면 거의 다 들어줬기에, 홍 양으로선 각종 선물과 놀이동산 입장권 등이 기다리고 있는 어린이날은 특별한 혜택으로 받아들여지지 않았다. 어린이날은 일년에 한 번 오는 특별한 날이 아니라 홍 양에게는 일상이 돼 버린 셈이

다.

2. 수년 전 케이블TV 평균 시청률 순위에서 아이들 영화를 주로 상영하는 채널인 투니버스가 1위를 차지했다. 리모컨을 움켜쥔 아이들은 몰입도도 높기 때문에 평균 시청 시간(1시간 3분)도 압도적인 1위였다. 시청률은 아이들의 방학 기간이면 더 높아졌다. 2005년의 경우 1, 2월 오후 4~6시대 평균 시청률은 4.12%로 2%에 머문 공중파 3사를 모두 제치는 경이적인 기록을 수립하기도 했다. 연간 수백억원을 쏟아부으며 공중파에 도전장을 내밀었지만 1% 이하의 평균 시청률을 기록하는 종편사들이 부러워할 만하다.

저출산 시대에 가치를 더해가는 귀한 자녀에게 쏟아붓는 관심과 투자가 키즈산업의 성장을 이끌고 있다. 키즈산업은 맞벌이 부부와 자녀 1명으로 구성된 '외둥이 가정'이 점점 늘어나고 가정마다 아이에 대한 관심과 투자가 커지면서 성장 곡선을 그리고 있다. 한국의 출산율은 약 1.22명(2010년 기준)으로 경제협력개발기구(OECD) 국가 가운데 가장 낮으며 정도도 심각하다. 어린이 수는 줄어드는 데 반해 관련 소비 시장은 고속 성장을 하고 있는 현실이다. 업계에 따르면 0~14세 영유아, 초등학생을 상대로 한 이른바 '키즈산업'은 5년 전부터 매년 20% 이상씩 성장, 2011년 지난해 시장 규모가 27조원에 이른 것으로 추정되고 있다.

키즈산업은 점점 고급화되고 있다. 의류, 가구, 스킨케어 등 다방면에서 프리미엄 키즈 만들기 열풍이 일고 있기 때문이다.

　프리미엄화의 선봉에는 연예인들이 앞장선다. 미국의 슈퍼스타 비욘세와 제이지는 그들 사이에서 태어난 딸 블루 아이비 카터를 위해 190여m²(60평)가 넘는 아이 방을 만들고 2천만원짜리 아기 침대와 수억원에 달하는 장난감을 구입했다고 한다. 국내에서는 장동건고소영 부부 사이에 태어난 아이의 유모차가 구설에 올랐는데, 수백만원을 호가한 유모차에 대한 비난 여론이 일면서도 정작 그 유모차는 완판되는 아이러니한 결과를 낳았다.

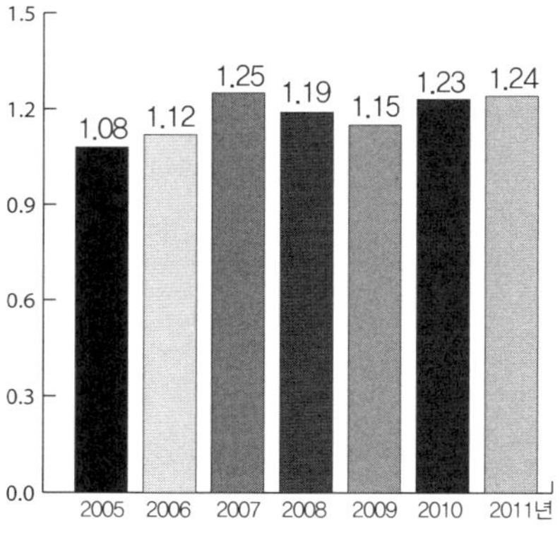

우리나라 합계 출산율 추이(단위:명)

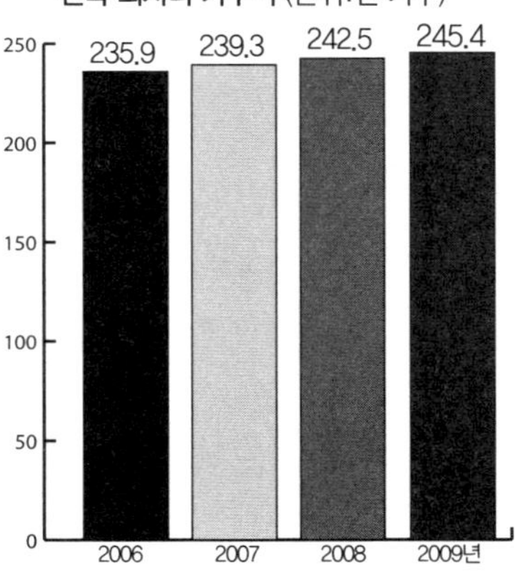

　키즈산업 프리미엄화의 또 다른 배경에는 1명의 아이를 위해 지갑을 열어 줄 사람이 많아졌다는 사실이 숨어 있다. 외동 아이 주변에는 그를 위해 기꺼이 지갑을 열어 줄 부모, 조부모, 외조부모 등 6명이 포진해 있다. 이 밖에 결혼하지 않은 30, 40대 '골드 미스' 이모, 고모까지 더하면 1명의 아이를 위해 소비해 줄 대상은 8명으로 불어난다. 1가정에 1자녀만 둘 수 있는 국가 방침 때문에 부모의 사랑을 집중적으로 받는 중국의 '소황제족'은 더 이상 남의 나라 이야기가 아닌 것이다. 최근 유통업계에선 '8명의 지갑'을 활짝 열어줄 소황제 고객을 일컬어 'VIB'(Very Important Baby)라고 칭하고 있을 정도다.

　이들을 잡기 위해 명품 회사들이 재빠르게 나서고 있다. 명품 업체들이

키즈라인을 잇따라 론칭하면서 시장 프리미엄화를 견인하고 있는 것이
다.

구찌 등 세계적인 명품 업체들은 국내 유명 백화점에 단독 매장을 입점
했고, 성인 옷과 똑같은 디자인을 만들어 부모와 아이의 커플룩 패션을
만들어 내기도 했다. 이 때문에 영유아 전문 브랜드보다 성인 브랜드의
키즈라인 성장세가 더 뚜렷한 현실이다.

백화점 등 유통업계의 대응도 발 빠르다. 최근의 마케팅 전략은 아이들
의 울음을 줄이는 것. 어린이 동반 고객 서비스 덕분에 백화점에서 우는
아이들이 줄어들었다는 것이 근래 백화점 관계자의 설명이다.

어린아이들을 데리고 함께 나오는 젊은 엄마 고객과 동반 아동을 위한
맞춤 서비스로는 유모차 대여, 수유실 제공, 키즈 카페 및 키즈존 등을
들 수 있다. 특히 이들 시설의 고급화, 전문화 추세는 빼놓을 수 없는 마
케팅 전략으로 꼽히고 있다. 어린 자녀와 함께 백화점을 방문한 이들은
평일 오후와 같이 매출이 저조한 시간대의 핵심 소비주체로 떠오르면서
불경기를 겪고 있는 유통업계에서 더욱 집중해야 할 핵심고객으로 떠오
르고 있다.

▌키즈산업의 미래

아이패드를 갖고 노는 유아

땅따먹기나 숨바꼭질, 그림 그리기, 종이접기, 인형놀이 등이 부모 시대의 놀이였다면 요즘은 핸드폰과 전자 게임기기가 아이들의 친구가 돼 버렸다. 최근에는 스마트폰과 태블릿PC까지도 낯설지 않은 것이 요즘 아이들이다. 시대는 변하고 아이들도 변했다.

미래 키즈산업 트렌드의 가장 큰 유형은 디지털화라고 전문가들은 말한다. 아이들은 말도 배우기 전에 스마트폰으로 영상이나 게임을 보고 교육 게임까지 하는 시대이다. 따라서 앞으로의 키즈 산업은 태블릿PC를 중심으로 다양한 애플리케이션과 함께 해당 산업에서의 영향력을 확대해 나갈 가능성이 크다. 이는 아이들의 놀이 문화가 디지털 기기화됨과 함께 그 속에 담긴 콘텐츠 즉, 다양한 형태의 멀티미디어적 효과를 겸비한 유아용 앱이 미래 아이들의 놀이문화를 지배하게 된다는 것을 의미한다.

여러 가지 콘텐츠 가운데 교육학습물은 빼놓을 수 없는 부분이다. 국내 사교육비 규모를 감안하면 콘텐츠 개발 업체들로선 간과하기 어려운 시장이기 때문이다. 한 전문가는 "단순 게임은 물론이고 교육용 앱에 이르기까지 모두가 언어능력, 수리능력, 정보분석 능력, 사회적 능력과 같은 아이들이 성장하는 데 필요한 다양한 교육적 요소를 갖추고 있어야 한다"고 말했다.

'소황제족'의 안전도 부모들의 관심거리인 만큼 아이들의 안전을 결합한 분야도 각광받고 있다. 아이들의 놀이문화가 디지털 기기화되고 콘텐츠적인 요소가 강화되는 만큼 놀이 장난감들은 항상 아이들과 함께하게 된다. 이러한 놀이 도구에 아이들의 위치정보를 기록하고 실시간으로 확인할 수 있는 시스템을 함께 적용한다면 그 효과는 물론이고 아이들의 안전까지 책임지는 놀이산업으로의 발전을 꾀할 수 있다.

키즈 산업에 있어 부모들의 입장도 고려해야 하는 필수요소이다. 사실상의 이용자가 아이들이긴 하나 이를 선택하고 구매하는 당사자는 부모들이란 사실을 간과해서는 안 된다는 게 전문가들의 조언이다.

<명품족 세습화 문제>

키즈산업의 고급화·프리미엄화는 소비자들의 수요를 충족시킨다는 측면에서는 순기능적 임무를 수행하고 있다고 볼 수 있다. 하지만 '최고로 키우겠다'는 부모들의 욕망 때문에 자칫 아이들이 과소비 풍조에 빠지지 않을까하는 우려는 반드시 짚고 넘어가야 할 문제이다.

자녀를 매개로 한 부모들의 과시적 소비 행태는 그대로 자녀들에게 전염될 뿐 아니라 사회 전반에도 악영향을 끼친다는 게 전문가들의 조언이다.

명품 옷을 입은 아이가 어른들로부터 예쁘다는 말을 듣는다면 그 아이는 자연스럽게 그런 옷들을 살 수밖에 없게 된다. 하지만 명품을 살 수 없는 상황이 돼버리면 어떻게 될까? 중·고등학생들이 노스페이스 점퍼에 특정 의미를 부여하고 그것을 선망한 나머지 범죄까지 저질렀다는 사실을 간과해서는 안 된다.

따라서 올바른 소비 행태를 어렸을 때부터 학습시켜줄 필요가 있다. 가장 바람직한 교육은 올바른 소비행태를 엄마가 직접 보여주는 것이라고 전문가들은 말한다. 아이들은 부모에게 말이나 행동을 배우듯 소비 행태도 똑같이 따라하기 때문이다.

실제로 미국의 한 연구결과에 따르면 과시적 소비를 즐기는 부모 아래서는 과시적 소비를 탐닉하는 자녀가 나올 확률이 높다고 나왔다. 부모가 선호하는 브랜드를 아이들이 까닭 없이 좋아한다는 결과가 나온 것이다. 따라서 엄마가 명품으로 치장하기 좋아한다면 아이도 따라할 가능성이 높다.

키즈산업 기업들도 자성이 필요한 시점이다. 이들 회사의 무분별한 광고는 비판 능력이 떨어지는 아이들에게 악영향을 줄 수도 있다. 그래서 광고를 명확히 구별하고 부수적인 경품을 강조하는 표현 금지 등 어린이 광고의 국제 규제 기준 등을 국내에 도입하자는 주장이 설득력을 얻고 있다. 이와 함께 아이들의 시각에서 생각하고 그들이 필요로 하는 제품과 서비스를 만들어 내는 것도 기업들로선 고민해야 할 일들이다.

럭셔리 마케팅

······

소비자들의 행태가 양극화로 벌어지면서 상위 1%를 겨냥한
이른바 럭셔리 마케팅이 성행하고 있다.
서민들의 유리지갑은 좀처럼 열리지 않지만 구매에 제한 받지 않는 상류층은
부동의 소비자로 남아 있기 때문이다.
실제로 럭셔리 마케팅에 열을 올리는 기업들은 백화점 상위 1%의 고객 매출이
전체 매출의 30%를 좌우하는 현실을 간과하지 않고 있다.

······

▌ 고급화되는 시장

희귀 음반 수집이 취미인 회사원 최모(37) 씨는 최근 자신의 눈을 의심
했다. 최근 37년 만에 지각 발매된 비치 보이스의 앨범 'Smile' 가격표
에 무려 5천999달러99센트가 적혀 있었기 때문이다. 이 앨범은 20달러
내외의 '기본형' 음반으로 구입할 수도 있지만 구성에 따라 40, 140,
700달러 등 다양하게 판매된다. 전 세계적으로 단 10개 세트만 제작된
최고가 패키지에는 CD, LP, 7인치 싱글 등 총 9장의 음반에 책자, 특별

맞춤으로 제작된 서핑보드가 포함돼 있다. 최 씨는 고민 끝에 국내에서 구매가 가능한 16만원짜리 세트를 선택했다.

국내에도 유사한 사례가 있다. 2년 전 발매된 희자매의 '디스코 걸스'이다. 음반사 비트볼뮤직은 인순이가 데뷔 초 몸담았던 희자매가 발표한 5장의 앨범과 리믹스 음원을 3장의 CD에 모으고 40쪽 책자와 포스터 등을 수록해 비교적 고가인 6만원대에 내놓았다.

지난해 럭셔리 마케팅 시장은 하늘위(?)가 각축장이다. 대한항공은 2011년 6월 '하늘 위의 특급 호텔'이라 불리는 초대형 여객기 A380을 도입해 현재 뉴욕, LA 노선 등에 투입해 운항하고 있다. 대한항공의 A380은 세계 최초로 2층 전체를 비즈니스석으로 만들었다. 비즈니스 승객을 위해 전문 바텐더 교육을 받은 승무원이 직접 칵테일을 만들어 무료로 제공할 정도다.

아시아나항공도 같은 해 10월부터 미주와 유럽 노선에 세계적인 요리 전문학교를 수료한 요리사 승무원까지 탑승시키고 있다. 조리사 복장을 한 요리사 승무원은 일등석과 비즈니스석 승객들에게 각종 음식을 직접 서비스한다. 핀란드 국영항공사인 핀에어는 헬싱키공항에서 VIP 고객을 대상으로 한 스파와 사우나 시설을 운영하고 있다.

항공사들이 경쟁적으로 럭셔리 마케팅에 나서는 이유는 항공기의 1등석 숫자는 5% 미만이고 비즈니스석 숫자도 15%에 그치지만 여객기 운임에서 차지하는 비중은 40~50%에 달하기 때문이다.

럭셔리 마케팅의 원조는 백화점이다. 소리 소문도 없이 진행되는 최우수 고객 초대회는 국내에서 한 번도 공개되지 않은 비밀 행사로 꼽힌다. 초대되는 인원도 20~30명으로 한정된다. 일부 백화점은 물질적인 서비스 외에도 마음으로 다가가는 서비스를 제공하고자 다양한 심리 테라피 마케팅까지 선보이고 있다. 최우수 고객이 함께 상담을 받고자 하는 사람 1명을 동행해 서로 간의 관계와 갈등에 대해 전문가와 심도 깊은 상담을 진행한다. 그동안 가족이나 친구에게 차마 말하지 못한 고민들을 타인과의 상담을 통해 해소되었던 점과 본인의 신분이 노출되지 않고 백화점이라는 편안한 장소에서 상담을 받을 수 있다는 것이 심리 테라피 서비스의 장점이다.

몇몇 되지 않는 최상류층 럭셔리 고객을 대상으로 럭셔리 마케팅을 하는 이유는 무엇일까? 우선 고정 고객으로 고급제품의 안정된 매출 확보가 가능하다는 장점이 있다. 럭셔리 고객들이 높은 소득으로 대형, 고급 제품과 서비스를 자주 이용하기 때문에 구매력이 높다는 것은 상식이다.

또 경기에 영향을 적게 받는다는 점도 럭셔리 마케팅의 매력이다. 불경기, 외환위기 때에도 부유층의 소비 규모는 경기변화와는 거의 무관하다고 봐도 될 정도로 상대적으로 안정적이기 때문이다. 따라서 럭셔리 마케팅은 상대적으로 독립적인 시장을 항상 유지한다고 볼 수 있다.

럭셔리 마케팅은 가격 탄력성이 낮다. 부유층의 소비 패턴을 제품의 명

성과 품질, 독특하고 특별한 부대 서비스를 중요시하기 때문에 제품의 성능 대비 가격을 중시하는 일반 소득계층의 소비 형태와는 다분히 차이가 난다.

럭셔리 마케팅은 하위 계층으로 전이된다. 유행에 민감하고 남을 의식하는 소비특성은 부유층을 찾는 기업에 좋은 아이템을 제공하게 되는데 상류층의 소비 형태는 장기적으로 일반 서민층에 의해 모방되는 습성을 갖고 있다.

■ 럭셔리 마케팅과 연관된 현상들

럭셔리 마케팅이란 물건에 의미를 부여하고 그렇게 부여된 의미를 다른 물건들의 의미와 다르게 만들어 주는 브랜드를 양산해 낸다. 럭셔리 마케팅을 하는 기업들은 "사람들은 이미지를 소비한다"는 마샬 클루한의 이론을 금과옥조처럼 받들고 있다.

따라서 소비자들의 잠재된 욕구를 인식하도록 자극을 주는 광고는 필수 요소이다. 특히 이 사업이 성공할 수 밖에 없는 이유는 여러 가지 효과들과 연관돼 있기 때문에 결코 실패할 수 없는 분야라는 주장도 설득력 있게 다가오고 있다.

다음은 럭셔리 마케팅과 연관된 용어들.

◆베블렌 효과(Veblen effect)

　과시욕구 때문에 재화의 가격이 비쌀수록 수요가 늘어나는 수요증대 효과.

　미국의 사회학자인 베블렌은 저서 '유한계급(Leisure class)론'에서 유한계급에 속하는 사람에게는 값비싼 물건을 남들이 볼 수 있도록 과시적으로 소비하는 것이 사회적 지위를 유지하는 수단이 된다고 했다. 대중사회에서는 누가 더 잘 사는지 알 수 없기 때문에 사람들은 자신을 알리려고 과시적 소비를 한다고 주장한 것.

　이에 따르면 소비자는 어떤 물건을 구입할 때 두 가지 가격을 동시에 고려한다는 것이다. 즉, 실제 지불하는 시장가격뿐 아니라 "남들이 얼마를 줬을 것이라 기대하는 가격"까지 감안하는 것이다.

　예를 들어 10만원짜리 청바지를 구입하면서 남들이 그 청바지에 기대할 가격도 고려하는 것이다. 10만원짜리를 남들은 8만원쯤 줬을 것이라 기대할 수도 있고, 15만원이라고 생각하는 사람도 있을 것이다.

　이렇게 내가 산 물건에 대해 남들이 기대하는 가격을 과시가격(conspicious price)이라 한다.

　과시가격이 올라가면 그 제품에 대한 수요도 올라간다. 또 과시가격에 따른 수요증대 효과가 시장 가격인상에 따른 감소효과를 상쇄할 수 있다면 전체효과는 당견히 수요증대로 나타난다.

이처럼 과시가격 상승에 따라 나타나는 수요증대 효과를 베블렌 효과라 하고, 이 효과가 가격상승에 따른 수요감소 효과보다 큰 재화를 베블렌 재화라 부른다. 물론 베블렌 재화는 대부분 고급 사치품이다.

과시적 소비는 처음에는 일부 부유층을 중심으로 시작되는 것이 보통이지만 주위사람들이 이를 흉내내면서 사회전체로 확산될 수 있다. 이를 모방효과(Bandwagon Effect)라고 한다. 모방효과는 유행에 민감한 여성들의 의상수요에서 볼 수 있는 것처럼 다른 사람들이 특정 상품을 많이 소비하고 있다는 이유만으로 그 상품을 덩달아 구매하는 경우에 발생한다.

한편 모방효과가 확산되어 과시소비가 신분이나 계급의 차별화를 위한 수단으로서의 효용을 상실하게 되면 일부 부유층들은 누구나 소비할 수 있는 상품의 구매를 중단하고 남들이 쉽게 살 수 없는 진귀한 상품만을 선호하는 경우도 나타난다. 이를 스놉효과(Snob Effect)라고 한다.

◆디드로 효과(Diderot effect)

디드로 효과는 문화적으로 연결이 강하다고 여겨지는 소비재에 관한 사회현상을 일컫는 말이다. 프랑스의 학자 드니 디드로의 저술에 가장 먼저 나타나 그의 이름을 따 디드로 효과라고 부른다.

디드로 효과는 "디드로 통일성" 혹은 "제품간 연결성"이라고 불리는 물체간의 상호작용의 결과가 소비자에게 느껴지는 사회현상이다. 디드로 통일성은 어떤 하나가 다른 하나와 문화적 연결성을 가지고 묶음으로서 어울리는 경향이다. 예를 들어 어떤 복장, 가구, 자동차 등등에서 나타난다. 맥크레켄은 소비자가 이러한 연결성을 통해 자신의 주변환경을 구축해나가는 방향으로 사회적 활동 특히 소비활동을 하는 것으로 보았다.

이러한 효과에 대한 이야기는 디드로의 저술인 "나의 오래된 가운을 버림으로 인한 후회"라는 에세이에서 처음으로 설명되었는데 그는 여기서 어느 친구가 선물한 우아하고 멋진 붉은 색의 겉옷이 옛날 가운을 대체하면서 여기에 어울리는 책상으로 바꾸게 되고 그 다음에는 벽걸이 결국에는 모든 가구와 인테리어가 그 붉은 겉옷에 어울리게 끔 바뀌게 된 일화를 소개하였다.

◆그루언 전이(Gruen Transfer)

너무 많은 정보가 감각기관에 입력되어 사람들이 심리적으로 당황하게 되어 판단력이 흐려지는 현상으로 분명 사려고 했던 물건을 정하고 나갔지만 매장에 가서는 계획에 없던 것들을 충동적으로 사고 돈을 낭비해버리는 경우를 말한다. 쉽게 말해 특정한 상품을 사기 위해 쇼핑몰에 오는 소비자의 마음을 흔들어서 충동구매로 전이되게끔 만드는 것이다.

　현대식 쇼핑몰이 생긴 이후 이런 현상은 쇼핑객들에게 많이 나타났는데, 사회학자나 심리학자들은 이를 자제심이 결여된 심리적 질병으로 여겨지기도 한다.

◆뷰케넌 증후군

　에르메스, 프라다, 샤넬 등 명품을 앞에두고 그것을 느끼는 감정. 그 자체가 명확하지는 않지만 명품을 구입하느 사람들이 경제적으로 자기보다 아래계층 사람들과 구별하기 위한 혐오스러운 비교, 쾌감, 정복감, 억압으로부터 해방감까지 감정등을 복합적으로 가리키는 말이다. 무엇보다도 자아도취현상이 강하다.

◆스탕달 신드룸(Stendhal syndrome)

　뛰어난 미술품이나 예술작품을 보았을 때 순간적으로 느끼는 각종 정신적 충동이나 분열 증상. 프랑스의 작가 스탕달(Stendhal)이 1817년 이탈리아 피렌체에 있는 산타크로체성당에서 레니(Guido Reni)의 《베아트리체 첸치》작품을 감상하고 나오던 중 무릎에 힘이 빠지면서 황홀경을 경험했다는 사실을 자신의 일기에 적어 놓은 데서 유래한다. 역사적으로 유명한 미술품을 감상한 사람들 가운데는 순간적으로 가슴이 뛰거나 정신적 일체감, 격렬한 흥분이나 감흥, 우울증 · 현기증 · 위경련 · 전신마비 등 각종 분열증세를 느끼는 경우가 있다. 이러한 현상이 스탕달 신드롬으로, 이 현상을 처음으로 기록한 스탕달의 이름을 따서 심리학자들이 명칭을 붙인 것이다.

어떤 사람은 훌륭한 조각상을 보고 모방충동을 일으켜 그 조각상과 같은 자세를 취하기도 하고, 어떤 사람은 그림 앞에서 불안과 평화를 동시에 느끼기도 하는 등 사람에 따라서 나타나는 증상도 다양하다. 미술작품뿐 아니라 문학작품이나 유명한 사람의 전기(傳記)를 읽고 이러한 증세를 일으키기도 하는데, 주로 감수성이 예민한 사람들에게 나타난다.

역발상 마케팅

......

경제 흐름이 기존 통념과는 다르게 진행되자 기업들의 마케팅도 변화하고 있다.
이른바 역발상 마케팅을 통해 과감한 변화를 시도하면서 소비자들을 유혹하고 있는 것이다.

......

■ 통념을 깨야 산다

2011년 서울 신도림에 오픈한 쉐라톤 서울 디큐브시티 호텔은 로비를 가장 높은 층인 41층에 배치했다. 호텔 로비는 1층에 있다는 통념을 깨고 투숙객 모두에게 최상의 전망이 제공하도록 하기 위해 꼭대기 층에 로비를 구성한 것이다.

제조법을 바꾼 역발상으로 주목받고 있는 제품도 등장했다. 대상 청정원에서는 메주로 간장을 만든다는 통념을 깨고 참깨로 만든 '햇살담은 자연숙성 참깨 간장'을 출시했다. 그간 간장을 만드는 주원료였던 대두와 소맥(밀)을 참깨로 100% 바꾸고 간장에 들어가는 소금도 100% 신안섬 명품 천일염으로 교체한 것이 특징이다.

이탈리아 정통 에스프레소 전문점 파스쿠찌는 설탕 대신 소금을 넣었다. 커피 '솔티아포가또'는 17세기 유럽에서 즐겨 마신 400년 역사의 '소금 커피'를 재해석한 제품으로 소비자들의 관심을 받고 있다.

이외에도 프리미엄 캡슐커피 전문 업체 네스프레소가 신제품인 리미티드 에티션 캡슐 '자나'의 론칭을 기념해 새김아트 예술가 고암 정병례 선생과 콜라보레이션 전시회를 진행, 제품 위주의 론칭쇼의 기존 통념을 깨트렸다.

역발상 마케팅 도입은 기존 방식대로의 마케팅으로는 소비자의 시선을 끌 수 없다는 업계 내부 판단에 따른 것이다. 다만 자극적인 선전 문구로 소비자들의 호기심과 흥미만 유발해서는 회사와 제품에 대한 신뢰도를 오히려 떨어뜨리는 결과를 초래한다는 점을 전문가들은 지적하고 있다.

▌우주까지 가는 역발상

지난 해 세계가 숨죽여 지켜본 초음속 낙하 이벤트의 성공으로 오스트리아에 자리잡은 세계적인 에너지음료 제조업체 레드불은 기업 마케팅이 상식을 넘어 성층권과 우주까지 이를 수 있음을 보여줬다.

우주 점프는 100% 성공을 장담할 수 없는 위험천만한 일이었다. 그러나 레드불의 도전적인 마케팅 문화는 설립 초기부터 시작된 것으로 창업주이자 오스트리아 최고 부자인 디트리히 마테시츠의 거침없는 성격에서 비롯됐다.

마테시츠는 마케팅 전문가 출신이다. 1944년 오스트리아 슈타이어마르크주의 크로아티아계 가정에서 태어난 그는 빈 경제경영대학에서 마케팅을 전공했다. 이어 독일의 제이콥스 커피, 글로벌 생활용품 제조업체 유니레버에서 일한 뒤 프록터앤갬블(P&G)의 전신인 브렌닥스에서 글로벌 마케팅 업무를 담당했다.

사실 에너지 음료 레드불은 마테시츠가 만들어낸 게 아니다. 1970년대 태국에서 만들어진 '크라팅 댕'이라는 강장제가 원조다. 마테시츠는 태국에서 '크라팅 댕'을 마신 뒤 피로가 씻은 듯 사라지자 이에 매료됐다. 그는 1984년 브렌닥스에서 나와 태국 현지 업체와 손잡고 유럽인들 입맛에 맞춰 에너지 음료를 선보이기로 결정했다. 크라팅 댕이 동남아시아에서는 건설 노동자나 트럭 운전기사들로부터 선풍적 인기를 끌었다. 하지만 서구에서도 통할지 장담할 수 없었다.

한 시장조사업체는 맛이나 캔 디자인이 서구인을 사로잡지 못할 것으로 예상했다. 그러나 마테시츠는 밀어붙였다. 이후 3년의 준비 기간을 거쳐 1987년 레드불이라는 이름으로 에너지 음료가 탄생했다.

레드불은 출시되자마자 엄청난 성공을 거두기 시작했다. 배경에는 마테시츠의 천재적 · 공격적인 마케팅 감각이 있었다.

그는 일반 음료업체들의 마케팅 상식을 완전히 버렸다. 에너지 음료를 가장 먼저 접할 이들이 누구인지 생각한 뒤 클럽에서 밤새 노는 파티족에게 눈 돌렸다. 레드불과 술 예거마이스터를 섞어 만든 '예거밤'은 이렇게 해서 탄생했다. 레드불은 지금도 세계 각지에서 각종 대중 음악, 댄스 행사를 후원한다.

젊은이들이 선망하는 각종 익스트림 스포츠 선수나 스포츠팀도 후원하기 시작했다.

우주점프의 주인공 펠릭스 바움가르트너도 일찌감치 레드불로부터 지원 받은 선수다. '위험한 도전'이라는 이미지를 에너지 음료의 특성과 결부시켜 마케팅 효과 극대화에 나선 것이다. 각종 익스트림 스포츠 중계로 레드불의 존재감도 확실히 부각시켰다.

오늘날 레드불은 세계 3대 스포츠 이벤트 가운데 하나인 포뮬러원(F1)에서 두 팀 '레드불 레이싱'과 '스쿠데리아 토로 로소'를 보유하고 있다. 미국 축구 메이저리그(MLS) 소속 '뉴욕 레드불스'와 오스트리아 '레드불 잘츠부르크'도 갖고 있다.

이외에 항공기 경주인 '레드불 에어레이스' 같은 이벤트도 후원한다.

오스트리아에 F1 트랙을 통째로 갖고 있는 마테시츠는 개인 비행장을 짓고 각종 희귀 항공기도 수집하고 있다.

레드불의 성공으로 마테시츠는 억만장자 반열에 올랐다. 그는 재산 규모 53억달러(약 5조8459억원)로 미국 경제 격주간지 포브스가 집계한 올해 세계 억만장자 리스트에서 193위를 장식했다.

■ 한 여름에 겨울 옷 판다

기존 접근법으로는 잔뜩 위축된 소비심리를 활성화시키기 어렵다고 판단한 패션 업계는 역발상 마케팅으로 소비자를 유혹하고 있다.

역발상 마케팅의 대표주자는 아웃도어 업계. 아웃도어 업체들은 통상 비수기로 여겨지는 여름 휴가철을 역발상 전략 실행 시기로 판단했다. 실제 밀레와 휠라 등 업체들은 겨울 시즌 대표 아이템인 '다운재킷'을 잇따라 출시했다.

계절에 관계 없이 4계절 상품을 판매하는 아울렛 · 홈쇼핑 · 온라인몰 이용이 일반화된 상황에서, 계절은 더 이상 중요한 요인이 아니라는 것을 간파했기 때문이다.

업체간 경쟁이 치열해지다보니 주로 9월부터 선보이던 다운재킷 출시

시기도 예년보다 훨씬 빨라졌다. 소비자들의 호응도 나쁘지 않았다. 2012년 여름 출시된 밀레와 휠라의 다운재킷 제품은 출시 첫날과 둘째 날에 각각 100벌 이상 판매됐다.

온라인몰도 발상을 전환했다. 더 이상 가격경쟁력만을 앞세워 박리다매 전략을 펼치지 않고 명품을 들여와 럭셔리 마케팅 기류에 합류했다. 인터넷 쇼핑은 저렴하다는 속설을 과감히 차괴한 것이다.

백화점과 명품숍의 매출이 급락한 가운데, 온라인몰의 명품시장 규모는 매년 20~30% 이상 성장하며 1조원을 넘어서고 있다. 오프라인 매장보다 경제적이고 합리적이라는 인식에, 소비자들의 구매성향 또한 '실속'을 중시하는 추세로 변했기 때문이다.

예전에 비해 온라인몰을 통한 상품 구매에 익숙한 젊은층의 명품 구매 비중이 늘어난 것도 온라인몰의 명품시장 성장을 견인했다.

이에 따라 패션업체들은 앞다퉈 온라인몰과의 협력을 강화하고 있다. 제일모직 · LG패션 · 코오롱 등은 11번가에 입점해 전문관을 오픈, 관련 카테고리에서 매출 신장을 이뤘다. 마리오아울렛은 최근 옥션에 전문관을 오픈하고 1만8천개의 상품을 판매 중이다.

공짜 마케팅

······

"공짜 좋아 하면 대머리가 된다"는 속설이 사실이라면 요즘처럼 대머리가 많은 시대는 없을 것이다.
경기 불홍·탓인지 거저 준다면 이를 마다할 소비자는 없어 보인다.
업계는 이미 무료 상품과 서비스를 제공하면서 소비자들의 욕구를 충족시켜 주고 있다.
각종 제품과 서비스를 공짜로 제공해 주는 '공짜마케팅',
이른바 '프리마케팅'(Free marketing)이라고 불리는 현상이 현실 경제에 깊숙하게 파고들고 있다.

······

▪ 발상의 전환

프리포를 사용하는 학생들

복사를 하려면 복사비가 들지만 공짜로 복사를 해 주는 곳이 있다. 복사비는 이면지에 실린 광고주들의 몫이다. 복사 이용자들에게 직접 받던 복사비를 광고비로 충당하는, 발상의 전환이 이룬 사업 아이템인 셈이다.

이 사업은 국내에 프리포 사업으로 불린다. 프리포는 말 그대로 프리(Free)+A4(용지)의 준말로 복사용지(복사기)의 무상 공급을 의미한다. 광고주들은 프리포에 광고를 실을 수 있고, 대학생들은 그 광고를 보고 정보도 얻고 종이도 공짜로 쓸 수 있는 신개념 매체이다. 2011년 4월 5일에 시작된 프리포 사업은 현재 서울, 경기 소재 40여개의 대학에 무료 복사기 설치가 진행되었을 정도로 대학생에게 많은 관심을 받고 있다.

프리포 사업의 기원은 일본 게이오 대학에 있는 '타다카피' 라는 복사점이다. 일본어로 '공짜 복사' 라는 뜻을 가진 이 가게는 복사비를 따로 받지 않는다. 그 대신 복사지 뒷면에 기업체나 학교 인근 가게들의 광고를 실어 수익을 올린다. 게이오대 학생들의 아이디어로 2006년 4월 처음 문을 연 '타다카피' 는 현재 일본 101개 대학에서 무료 복사 서비스를 제공한다. 2011년 매출이 2억8천500만 엔(약 41억 원)으로 사업 첫해 매출액(2천200만 엔)보다 10배 이상 성장했다.

발상의 전환 정도가 아니라 역발상으로 소비자들의 눈길을 잡아끄는 상품도 등장했다. 통장에 든 돈이 많아야 높은 이자를 받을 수 있다는 고정관념을 과감히 깬 '역발상 월급통장' 이 등장한 것. 우리은행의 'AMA 플러스 야!통장' 은 평균 잔액이 100만 원 이하일 경우, 최대 4.1%의 금리를 적용해준다. 신한은행의 '레디고 통장' 은 만 18~30세 가입자의 경우 100만원까지 연 3.2%의 금리를 준다. 국민은행의 'KB스타트 통장' 역시 평균 잔액 100만 원 이하 일 경우에 한해 연 4.0%의 이자가 적용된다. 통장 잔액이 많지 않은 20대를 겨냥한 이들 상품은 '사회 초년

생들은 통장 잔액이 적을 수밖에 없지 않을까?' 하는 의문에서 시작됐다.

공짜 마케팅이 가장 성행하는 곳은 온라인 서비스 시장이다. 미국의 온라인 음악서비스 업체 '판도라' 가 대표적이다. 인터넷 서버에서 몇 곡의 노래를 듣더라도 돈을 받지 않는 이 서비스는 이용자가 음악이 나오기 전에 짧은 광고를 들어야 한다.

국내에도 프리소셜커머스라는 서비스가 등장했다. 기존 소셜커머스가 공동구매를 통한 반값 할인쿠폰을 제공하는 방식이라면 프리소셜커머스는 해당 쿠폰에 응모해 여러 방법으로 당첨확률을 높여 무료로 상품을 제공받을 수 있는 일종의 '무료 경품 서비스' 이다. 대표적으로 '타운폰' 이나 '보너스365' 를 들 수 있다. 타운폰의 경우 공짜 이벤트 당첨을 원하는 소비자들은 홈페이지를 통해 간편한 미션(문답형)만 수행하면 누구나 이벤트 참여가 가능하다. 인터넷을 통해 타운폰 정보를 공유하고, 공유한 URL을 타고 타운폰 홈페이지를 방문하는 사람이 회원가입을 하면 당첨확률은 높아진다. 보너스365는 돈 대신 '햇님' 이라는 소셜 쿠폰을 사용해 상품을 구매할 수 있다. 햇님은 사용자가 친구 초대나 보너스 상품 당첨 후기 작성 등의 활동을 하면 받을 수 있다. 제품 입소문 활동을 통해 사실상 공짜로 상품을 구매할 수 있는 셈이다.

본 상품을 팔면서 보완재를 하나 더 주는 시대는 이미 한물갔다. 본 상품을 무료로 배포하고 소비재로 수익을 올리는 전략을 구사하는 기업들이 늘고 있기 때문이다. 보완재 수익을 노리는 마케팅의 시초는 1900년

대 초 미국의 한 면도기 제조업체이다. 이 회사는 소비자들이 면도기를 자주 바꾸는 이유는 면도기 자체가 아니라 면도날이 자주 마모되기 때문이라는 사실을 간파했다. 따라서 면도기를 무료로 주는 대신 면도날을 별도로 판매해 일회용 면도기 시장을 잠식했다. 다른 한 의료업체의 혈당측정기 판매 전략도 유사하다. 혈당측정기를 기존 제품의 절반도 안 되는 가격에 제공하는 대신 혈당 측정시 반드시 필요한 채혈침과 채혈시험지를 별도로 파는 방법으로 영업이익을 30%가량 올렸다.

▌ 공짜 뒤 가격 인상도 소비자와 상의하라

'공짜 마케팅이 성행하는 시장에서 업계는 어느 정도의 가격을 제시해야 성공할 수 있을까?' 이런 질문은 이제 한물간 구시대적 고민이다. 소비자의 패턴에 맞게 유동적인 가격을 제시하는 '스마트 프라이징'(smart pricing)이 자리를 잡고 있기 때문이다.

기업 입장에서는 이익을 올려주는 가격 인상이 가장 좋은 방법이지만 무턱대고 가격을 올렸다가는 소비자의 반발로 큰 타격을 입게 된다. 실제로 수입 담배 시장에서 1위를 달리던 BAT코리아는 담뱃값을 200원 인상하자 경쟁사인 필립모리스에 밀려났다. 담뱃잎 등 원자재 가격 상승을 이유로 가격을 인상하자 매출이 30% 급감한 것이다.

스마트 프라이징이란 소비자가 느끼는 제품의 가치에 맞춰 가격을 제시하는 서비스다. 소비자들과 암묵적 동의가 이뤄진다면 업계는 특정 시간, 특정 서비스에 차등의 요금을 제시한다. 한 미용실 체인점을 예로 들자. 지난 해 한 달 동안 오전 8~11시에 방문하는 고객에 한해 염색과 파마 비용을 30% 할인해주는 이벤트를 실시해 큰 성공을 거뒀다. 전달보다 매출이 20%나 오른 것이다. 아침 고객들은 값싼 가격에 서비스를 받았고, 주말에 찾는 직장인들은 대기 시간이 상대적으로 줄어 고객 만족도가 높아졌다.

장소 차별화로 가격을 결정하는 사례도 있다. 서울의 한 유명 호텔 일식당은 시내 전망이 좋은 별실을 이용하는 고객에게는 1인당 10만원대의 코스 요리만 주문받는다. 3만~5만원대의 단품 요리는 홀에서만 주문할 수 있다. 별실에는 1명씩 전담 직원이 배치된다. 독립된 공간에서 더 편하게 식사하려면 돈을 더 내야 한다는 가격 차별화 전략이다.

이런 전략은 뮤지컬콘서트 공연장에서는 일반화돼 있다. 무대가 잘 보이는 VIP석 요금은 2층이나 1층의 구석진 자리보다 5배가량 비싸다. 좋은 자리에 비싼 요금을 지불할 여유가 있는 관객과 비교적 값싼 비용으로 공연을 즐기고 싶은 관객 모두를 겨냥한 것이다.

가격을 올리면서도 소비자에게 외면 받지 않으려면 소비자가 원하는 게 무엇인지 파악해서 가치를 극대화하는 기업의 노력이 필요하다.

▌ 공짜 마케팅이란?

 '저비용 고효율'을 지향하는 소비자들의 심리를 이용한 기업의 판매 전략이다. 이때 소비자들에게 작용하는 심리적 배경 중의 하나는 균형 이론이다.

 어떤 사람이 다른 사람에게 공짜로 무엇을 제공 받으면 두 사람 사이에 균형이 깨지게 되는데 이때 무엇인가를 받은 사람을 자신도 무엇인가를 전해 줌으로써 그 불안을 해소한다는 것이다. 기업으로부터 공짜 판촉의 혜택을 누린 소비자는 기회가 되면 자신이 받은 혜택을 돌려 주려할 것이고, 이런 심리적 작용은 해당 기업의 제품을 구매하는 행위로 연결된다.

 공짜 마케팅의 경제학적 원리는 '한계비용'이라는 개념으로 설명된다. 한계비용이란 생산량이 한 단위 증가할 때 늘어나는 비용이다. 예를 들어 현재 1천만 명 가입자를 보유하고 있는 한 이동통신사가 새롭게 1천만1번째 고객을 유치했다고 가정하자. 통신사는 이미 통신 서비스 제공에 필요한 네트워크 설비를 갖췄기 때문에 새로운 설비 확충에 나서기 전까지는 추가 서비스에 사용되는 한계 비용은 0원에 가깝다. 이 때 통신사는 수십만원짜리 휴대전화를 공짜로 제공하지만 3년 약정 신규 가입자가 있다면 남는 장사가 되는 것이다.

 공짜 마케팅은 소비자 입장에서는 당장 비용을 지불하지 않아서 좋고, 기업 입장에서는 상표를 대중화해서 장기적으로 매출 신장을 유도할 수 있다는 장점이 있다. 하지만 경우에 따라 과소비를 유발할 수 있고, 사기 등 범죄에 악용될 수 있는 점 등은 기업이나 소비자 모두 간과해서는 안 될 대목이다.

〈대박 난 렌탈 산업〉

불황에 소비심리가 꺾이면서 고전을 면치 못하는 다른 유통업체와는 대조적으로 렌털 산업은 호황세를 이어가고 있다. 한국렌탈협회에 따르면 렌털 시장 규모는 2006년 3조원에서 지난해 10조를 넘어설 정도로 급성장했다. 국내 렌털 전문업체는 2만5천여 개 수준이다.
국내 최초로 정수기 렌털 사업을 시작한 한 회사는 경기불황이 심화된 2009년 이후 회원 수가 계속 늘고 있다. 작년 10월부터 침대 매트리스를 빌려주는 사업을 시작한 회사도 5개월 만에 매트리스 렌털 건수만 1만5천여 개를 넘겼다.
렌털 서비스가 인기를 끌면서 국내 렌털 포털 서비스인 렌탈인이나 KT렌탈 등은 사무용품과 레저용품에서부터 여러 가전제품까지 매년 상품 범위를 다양하게 넓혀 나가는 중이다.
렌털 산업이 인기를 끌면서 렌털 전문 업체뿐 아니라 기존의 TV홈쇼핑이나 온라인 업체도 경쟁적으로 렌털 산업에 뛰어드는 분위기다.
2012년 5월 온라인몰 업계 최초로 렌털 전문 몰(mall)을 연 GS샵은 1주일에 렌털 서비스 상품을 3회 가량 방송했다. 대표상품인 안마 의자의 경우, 일시불로 200만원이 넘는 안마 의자를 월 5만~6만원만 내면 사용할 수 있다.
렌털 서비스가 인기를 끄는 현상은 이미 세계적인 트렌드로 자리 잡았다. 미국에선 음식조리업체가 맞벌이 부부 등을 위해 부엌까지 렌털 서비스를 선보였다. 프랑스의 중고품 대여 사이트에선 18만종의 제품 렌털 서비스를 실시하고 있는데, 이 가운데 포크레인 등 중장비도 포함돼 있다.

진정성 마케팅

......

기업들은 제품과 서비스에서 스스로 '최고'라고 주장하지만,
소비자들은 쉽게 기업을 믿지 않는다.
소비자에게 다가가기 위해 기업들은 자신들을 철저히 신뢰하게 만들어야 한다.

......

▌충성도를 높여라

빅맥(좌)과 와퍼(우)

신뢰의 결핍은 회사에 대한 소비자들의 충성도를 떨어뜨리는 요인이다. 이런 추세에 이우창 세계경영연구원 교수는 '진정성 마케팅'(authenticity marketing)으로의 전환을 강조했다.

이 교수에 따르면 최근 미국의 햄버거 회사인 버거킹은 자회사 상품인 '와퍼'를 맥도날드의 '빅맥'과 블라인드 테스트를 실시했다. 다소 새롭

지 못한 방법이지만 대상이 남달랐다.

세계의 오지 부족에게 실험한 것이다. 햄버거를 한 번도 접해 보지 않은 오지 사람들은 와퍼의 손을 들어줬고 더 맛있는 햄버거는 결국 잘 팔리는 빅맥이 아니라 와퍼라는 메시지를 던졌다.

이와 함께 미국의 한 화장품 업체가 유명 모델 대신 이름조차 없는 무명의 인사를 기용한 것도 진정성을 강조한 마케팅으로 손꼽힌다. 원래 예쁜 유명 모델 대신 무명 인사가 제품을 사용해 아름답게 변해가는 과정이 소비자들에게 전달됐고, 제품의 '높은 기능성'이 먹혀들어 시장에서 큰 반향을 불러일으켰다.

이 교수는 "소비자들은 '고객을 위해 헌신하느라 이익을 한 푼도 남기지 않는다' 는 주장은 아쉽게도 아무도 믿어주지 않는다. 하지만 '홍보와 포장에 들어갈 돈을 아껴 최고의 품질을 만들어내겠다' 는 주장에는 쉽게 공감한다"고 지적했다.

결국, 고객이 '진정한 가치' 를 위해 돈을 쓰도록 하고 있다는 것을 알리자는 것이 '진정성 마케팅' 의 핵심이다.

■ 품질지상주의가 만능은 아니다

야적장에 쌓여 있는 포드 자동차

미국 자동차 산업을 이끌던 포드사의 모토는 'Quality is job No.1'(품질 지상주의)였다. 이 구호가 나올 때까지만 해도 포드는 물론 시장에서도 '큰 히트'를 기대했다. 최고의 품질은 최대의 매출과 직결될 줄 알았던 것이다. 하지만, 결과는 정반대였다.

최고의 품질로 무장한 포드사의 자동차는 하나둘씩 창고에 쌓여 갔다. 품질 지상주의의 실패 요인은 장사의 기본적 요소인 마케팅이 빠져 있다는 점이다. 제품의 품질은 시장을 공략하는 일부에 불과하지 전부인 것은 아니었다. 과장해서 말하면 품질은 의미 없는 단어다. 품질이란 생산자가 정의하는 것이 아니라 고객이 정의하는 것이기 때문이다. 물론 시장에 일단 발을 들여놓기 위해서는 일정 수준의 만족스러운 품질이 필요하다.

품질이란 기본으로 넘어야 할 선에 불과하고 그 정의도 고객에 따라 상대적이다. 고객들이 어떤 품질을 기대하고 있고, 그 품질을 갖춘 제품을 고객이 수긍할 만한 가격에 내놓을 수 있는가를 이해하고 실행에 옮기는 것이 기업의 최대 과제로 꼽힌다.

경제전문가들은 "고객이 30초 만에 붙는 강력 접착제를 원하는데 왜

10초 만에 붙는 강력 접착제가 '더 품질 좋은' 물건이 되는가. 아무도 사용하지 않는 20개의 기능을 갖춘 전화기는 자주 사용하는 세 가지 기능을 가진 전화기보다 절대 우수하다고 할 수 없다"고 정의하고 있다.

전문가들은 또 "소비자가 당신 물건을 사도록 유도하는 것이 제1목표이다. 그리고 그 소비자가 또 한 번 구매를 시도하는 것이야말로 모든 기업의 지상 과제가 되어야 한다"고 강조하고 있다.

이는 소비자 중심주의로 회귀해야 한다는 말이다. 더 나아가 소비자에게 행복을 파는 마케팅이 최근 트렌드로 자리 잡기도 했다.

소비자로부터 선택의 고통을 줄여 준 짬짜면

짬짜면이 대표적인 예이다. 정체 모를 음식의 탄생이었으나 소비자들에게 선택의 고통을 감소해 준다는 측면에서 시장의 반응은 뜨거웠다. '양념 반 프라이드 반 치킨' 도 그런 맥락이고, 육가공 업체인 선진포크의 '반반 팩' 이란 이름으로 한 팩에 삼겹살과 목살 등 돼지고기 두 종류를 함께 포장하여 출시한 상품도 그렇다.

마케팅은 '물건을 파는' 단순한 의미에서 '고객을 행복하게 해준다' 는 뜻으로 변해 가고 있다. 고객의 불편한 점, 힘든 점, 어려운 점을 찾아 해결해 줌으로써 고객을 행복하게 만드는 것, 이게 바로 마케팅의 본질인 셈이다.

많은 사람이 즐겨 찾는 상품이나 서비스, 이른바 히트 상품을 잘 살펴보면 예외 없이 우리의 고통과 고민, 고충을 해결해 주는 요소들을 갖고 있다. 판매담당자가 고객의 친구이자 도우미가 되어야 하는 이유다.

▌ 고객을 사랑하라

품질과 가격, 소비자의 요구를 모두 충족시켜야 하는 기업들은 고민이 적지 않다. 어떻게 하면 소비자 구매력을 끌어올릴지 머리를 싸매고 있는 것이다.

이를 위해 기업은 우선 내가 필요한 고객이 아닌, 나를 필요로 하는 고객에게 손을 내밀어야 한다고 강조한다. 지금까지 공급자들은 내가 필요로 하는 고객들에게 주목했다. 그들을 통해 얼마나 수익을 올릴 수 있을지 계산기 두드리기에만 바빴던 것이다.

그러나 이제는 아니다. 우리 기업의 제품과 서비스를 통해 가장 큰 도움을 얻을 수 있는 고객들에게 손을 내밀어야 한다. 이른바 '선의후리'(先義後利)다. 고객들은 '착한 기업'의 제품이나 서비스에만 지갑을 열기 때문이다.

'고객을 사랑해야 한다'는 것에도 기업들은 공감한다. 진정성을 바탕으로 고객의 영혼을 감동시켜야 한다. 파워브랜드를 만들고 신기술을 적용한 신제품으로 돈을 벌겠다는 마음 이전에, 어떻게 하면 고객의 불편한 점을 해결해줄 수 있을까 하는 '측은지심'(惻隱之心)이 필요한 시대이다.

일본 3대 경영의 신(神) 중 하나로 불리는 교세라 그룹의 창업자 이나모리 가즈오 회장은 대의명분이 있어야만 사업을 시작했다고 한다. 돈을 얼마나 많이 벌 수 있느냐가 아니라, 이 사업을 하면 고객에게 어떤 혜택이 돌아가느냐가 신규 사업 진출의 첫 번째 기준이었기 때문이다.
　비싼 가격이 아닌 '공정한' 가격에 훌륭한 제품을 제공해야 하는 것은 기본이다. 기업이 훌륭한 제품이나 서비스를 제공하는 것은 당연한 일이기 때문이다. 하지만 여기서 '공정한 가격'에 주목해야 한다. 투자한 금액을 앞세우며 비싼 가격을 당연한 훈장인 양 여기는 기업에 고객은 등을 돌린다. 눈곱만큼의 가격 인상 요인을 침소봉대해서 소비자 가격을 올리는 기업들에 대한 감시의 눈초리도 매섭다. 소비자의 평가가 무서운 속도로 전파되는 세상에서 소비자들을 속인다는 것은 불가능해 졌다.

드럭스토어 시장

......

늘어나는 자영업자들의 최대 고민은 '어떤 사업을 하느냐' 다.
장기 불황 속에 전망 있는 아이템을 찾기란 좀처럼 쉽지 않다.
하지만 지난 해 트랜드를 살펴보면 답을 찾을 수 있을지 모른다.
전문가들에 따르면 최근 경제 트랜드는 드럭스토어(drug store)라고 한다.
미용과 건강을 위한 의약품 · 화장품 · 미용 제품 · 잡화를 파는 매장을 일컫는
드럭스토어는 3년 내 무려 15조원 규모로 성장할 것으로 전망된다.
무섭게 성장하는 새로운 유통시장인 셈이다.

......

▌ 전대 미문의 성장세

드럭스토어 시장

국내 업체 가운데는 CJ올리브영이 드럭스토어의 선두주자다. 1999년 1호점을 낸 CJ올리브영은 2012년엔 점포를 72개 늘리며 전국에 223개 매장을 보유하고 있다. 매출은

커져가는 드럭스토어

점 포	점포수(개)	
	2008년	2011년 11월
올리브영	50	128
W스토어	49	75
GS왓슨스	20	51
판도라	0	1
총계	119	255

※자료=각사 종합

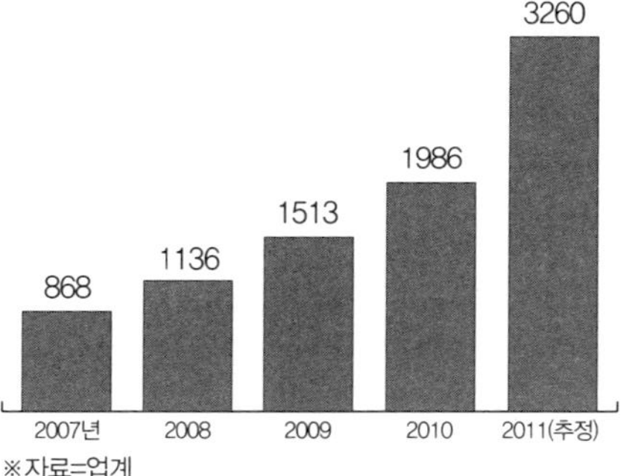

급성장하는 국내 드럭스토어 시장(단위:억원)

※자료=업계

2009년 980억원에서 2천100억원으로 2년 만에 두 배 이상 늘었고, 같은 기간 영업이익은 14억원에서 80억원으로 증가했다. 매출은 크지 않지만 성장세가 그룹 내 가장 크다. 국내 업체들이 드럭스토어에 관심을 갖는 배경에는 달라진 소비 트랜드가 자리 잡고 있다. 경제 발전에 따른 여성 구매력 향상, 저출산과 고령화라는 트랜드가 소비 분야에도 직접적인 영향을 주고 있는 것이다. 최근 국내에서도 화장품과 의약품 시장 등이 빠른 성장세를 보이면서 드럭스토어 시장이 커질 만한 여건이 조성되고 있다. 한국보건산업진흥원에 따르면 2010년 기준 한국 화장품 시장은 6조3천84억원으로 전년보다 14% 성장했다. 2007년 이후 연평균 13%씩 커지고 있다.

드럭스토어 시장의 성공은 이미 해외에서 드러났다.

일본의 경우 소매판매액은 2000년 139조엔(약 1천988조원)에서 2011년 134조 엔으로 3.9% 감소했다. 특히 백화점, 대형슈퍼의 매출이 쪼그라 들었다. 반면 같은 기간 드러그스토어의 매출은 2조6천628억엔에서 5조8천26억엔(약 83조원)으로 두 배 이상 성장했다.

미국 시장의 성장세도 괄목할 만하다. 업계 1위 월그린의 경우 치열한 경쟁에도 불구하고 2001년 이후 37분기 연속으로 매출과 수익이 증가했다. 2011년 매출은 721억8천400만달러(약 80조원)로 2000년 대비 3.4배 늘었다. 미국일본 시장의 확대는 일차적으로는 질병 예방위생건강미용에 대한 소비자들의 관심이 커졌기 때문이다.

하지만 실제 소비자들이 지갑을 열기까지는 업체들의 전략도 주효했다. 월그린은 1990년대 월마트, K마트, 타깃 등 대형마트와 경쟁이 치열해지자 모든 상품을 취급하는 전략에서 의약품 부문의 전문성을 강화하는 전략으로 바꿨다. 1980년대에 15%였던 조제약 매출 비중이 2009년에는 72%까지 상승했다. 일본 기업들은 의약품 판매가 제한된 상황에서 건강미용 상품에 역량을 집중했고, 이 상품들 비중을 60%까지 끌어올렸다.

드럭스토어 시장의 성장세는 주식시장에 그대로 반영됐다. 특히 국내 고령 인구 증가로 헬스케어(건강관리)에 대한 관심이 커지면서 헬스케어 사업을 하는 기업들의 주가가 최근 큰 폭의 상승세를 기록하고 있다. 이 가운데는 치료를 위한 신약을 개발하는 제약 업체보다는 예방에 중점을 둔 의료 기기 업체들의 주가 상승폭이 더 크다.

예를 들어 의료 기기 업체인 바텍의 주가는 2011년 9월 한 달 동안 무려 23.8% 상승했다. 같은 기간 뷰웍스는 18.1%, 휴비츠는 13.8%가 각각 올랐다. 바텍은 치과용 엑스레이 검사 장비 제조업체고, 뷰웍스는 엑스레이 촬영 영상을 사람의 눈으로 볼 수 있게 바꿔주는 디텍터라는 부품을 생산한다. 휴비츠는 안과안경점용 진단기기 등을 만드는 업체다.

제약 업체 주가도 상승했다. 녹십자의 주가는 2011년 한 때 8.0% 올랐고, 한미약품, LG생명과학, 동아제약의 주가는 각각 2.3%, 12.0%, 9.0% 급등했다.

질병 조기 진단과 예방을 돕는 의료 기기 시장이 빠른 속도로 커질 것이라는 전망이 나온다. 정부 지원도 늘고 있고 대기업들이 의료 기기 분야에 적극적으로 진출하는 것도 호재로 작용하고 있는 상태이다.

미용·건강 시장은 모바일 아이템 시장에도 큰 영향을 끼치고 있다. 휴대폰 보급률이 70%를 넘어서면서 벤처기업들이 신종 모바일 헬스케어 서비스를 속속 내놓고 있기 때문이다. 모바일 헬스케어는 3, 4년 전 국내에 선보였으나 상품화가 그다지 활발하지 않았다. 그러나 하반기 들어 관련 벤처들이 다양한 상품을 내놓으면서 시장이 서서히 활기를 띠고 있다.

한 모바일 프로그램은 카메라 폰으로 먹은 음식을 찍어 보내면 전문가가 칼로리를 계산해주는 서비스를 2년 전 부터 시작했다. 휴대폰을 사용하는 20, 30대 여성이 타깃이다. 이 회사는 서비스 시작 후 하루 200~300명이 회원으로 가입하면서 2011년 10월 현재 누적 회원 수는 1만 명에 달했다.

또 다른 회사는 스트레스폰, 다이어트폰, 당뇨폰에 이어 하반기 심전도폰을 선보일 계획이다. 이들 서비스는 부문별 외장형기기를 휴대폰에 연결해 프로그램을 사용하면 본인의 건강상태를 수시로 알려줘 건강관리가 가능하다. 돌연사 예방 기기(DPA) 제조업체인 한 회사는 휴대용 DPA에 이어 맥탁진단폰을 개발 중이다. 그동안 축적해온 돌연사 관련 질환 예방기기 개발 기술을 압축해 모바일서비스로 연결하는 사업모델이다.

▌앞다퉈 뛰어 드는 드럭 시장

드럭스토어 사업의 장밋빛 전망이 제기되면서 시장에 뛰어드는 업체들이 늘고 있다. 최근 편의점 창업 붐이 드럭스토어 시장에 전이될지 모른다는 전망까지 제기되고 있다.

CJ올리브영, GS왓슨스, 코오롱 더블유스토어, 농심 판도라 등 기전 업체에 이어 2011년에만 신세계 분스, 카페베네 디셈버24 등이 추가로 드럭스토어 시장에 도전장을 내민 상태다. 여기에 편의점 업계까지 가세해 불꽃 튀는 경쟁이 예고된다. 편의점 업계에 따르면 최근 CU(옛 훼미리마트)와 세븐일레븐 등이 편의점 내 또 다른 매장을 결합하고 있는데 편의점과 약국이 결합된 '약국 병설형 편의점'을 열기 위함이다.

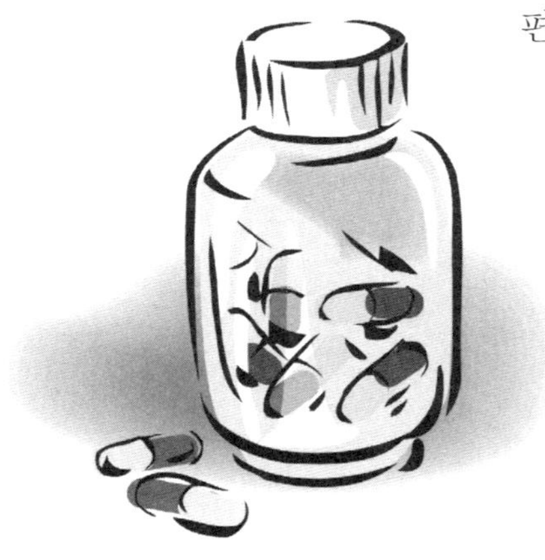

편의점과 약국의 일체화로 고객이 간편식품, 생활용품, 의약품, 건강미용용품 등 원하는 상품과 생활서비스를 원스톱으로 받을 수 있어 편리성과 신속성 면에서 큰 시너지효과를 낼 수 있다는 게 CU 측 설명이다. 세븐일레븐도 '숍인숍' 형태의 매장을 운영하기 위해 연구 중이다. 서울의 한 매장에 세탁소(그린토피아)과 결합한 형태의 매장을 운영하고 있지만 이번엔 회사 정책상 '숍인숍' 모델을 검토하고 있다.

편의점 업계가 숍인숍에 나서는 것은 경쟁력 강화를 위해서다. 단순히 편의점만 가지고 있는 형태보다 다양한 편의시설을 갖출 경우 연관 구매 효과가 크기 때문이다.

〈중년이 된 토종 브랜드〉

이미 오래전부터 드럭 시장에 뛰어든 토종 상품이 있다. 서민의 피로회복제 대명사인 '박카스'와 '우루사'가 대표적이다. 이 둘은 1961년생 동갑내기로 올해 쉰 두살을 맞이했다.

한 해 3억5천 만 병이 팔려나가는 동아제약의 드링크제 '박카스'는 지난 20년 동안 단 한 차례만 가격을 올린 것으로 유명하다. 국민이 식품 이상으로 애호하던 박카스는 1991년 이후 330원으로 유지해오던 공급가를 2009년 370원으로 올랐을 뿐이었다. 하지만 소매가격은 그대로 21년간 450~500원 선. 같은 기간 물가가 오른 것을 감안하면 사실상 가격이 낮아진 셈이다. 타우린과 유리병 등 원재료 값은 많이 올랐지만 생산 시설 자동화에 투자를 늘려 원가를 잡았다. 동아제약이 박카스 가격을 안 올리려 안간힘을 쓰면서 경쟁 제품 가격도 10여 년째 500원 이하로 묶여 있다.

승승장구하던 박카스는 2002년 1천960억원 매출로 최고 정점을 찍었다. 2011년 1천283억원으로 최고 전성기에 비해 매출이 하락하긴 했지만 여전히 국내 제약업계에서 유일한 1천억원대 상품이다.

'우루사'는 박카스 보다 15년 가량 늦게 본격적으로 이름이 알려지기 시작했다. 처음부터 잘 나가던 박카스에 비할 바는 아니지만, 우루사도 고속성장을 거듭해 왔다. 지난 2007년 546억원으로 매출 500억원을 넘은 이래, 2011년 525억원으로 600억원 돌파를 눈앞에 뒀다. 이 가운데 처방약(ETC'전문의약품)으로 올린 매출은 270억원으로 약국 판매(OTC'일반의약품)액 보다 많다. 특히 2012년 1월 30억원의 매출은 전년 동기(18억원) 대비 67%나 증가했다.

우루사는 1980년대 본격적인 대중매체 광고에 돌입했는데, '웅담성분의 간장약'이라는 광고문구로 곰의 이미지를 활용해 인기를 끌었다. 1983년부터는 20여 년간 배우 최불암, 최희준, 백일섭, 정흥채 등이 잇달아 광고에 출연하면서 우루사만의 '강인한 남성 이미지'를 만들어갔다. 최근에는 '간 때문이야~'로 히트 친 '차두리 효과' 덕을 톡톡히 봤다.

식품 산업

......

2011년 12월 16일 중국 상하이(上海) 푸둥(浦東) 로터스 매장에서 개최된
농수산물유통공사(aT)와 중국 대형 유통체인인 로터스와의 업무협조약(MOU)은
한국 농수산물 수출업계에선 일대 '사건'으로 기록됐다.
매출 수십조원을 기록하는 로터스의 유통망을 활용해 우리 농산물의 세계 판로가
새롭게 개척되는 전환점을 맞이했다는 평가 때문이다.
세계 굴지의 유통회사가 한국 농산물 수급에 관심을 갖는 이유와
사업 파트너로 대기업이 아닌 국내 중규모의 공기업을 선택한 이유는 뭘까?

......

▌ 재조명 되는 국내 식자재

2011년 3월 일본에서 발생한 대지진 이후 동아시아 농수산물에 대한 안전에 대한 인식은 확 바뀌었다. 그동안 식품 안전에 대한 높은 신뢰를 얻었던 일본의 일부 식품이 방사능 피폭으로 인해 빛을 바래고 있는 반면 지속적으로 품질 관리를 해오던 한국의 농수산물은 웰빙붐을 타고 진행돼 오던 유기농 산업이 두각을 나타내면서 주변국들의 호평을 불러온 것이다.

중국 상해에서 열린 농수산물유
통공사와 로터스의 MOU 체결식.
좌측부터 저자, 김재수 사장, 수
빠낏 부회장

이런 가운데 아시아 농산물 최대 산지이
자 소비국인 중국은 멜라민 사건 등 식품
안전에 대한 국민적 신뢰를 잃어가며 수
입산에 대한 선호도를 점점 높여가고 있
는 현실이다.

중국의 시장 변화를 인지한 로터스는 한
국의 농산물에 주목했다. 중국내 73개의
대형 매장을 갖고 있는 로터스는 한국 농산물의 안정적 수급을 위해 국
가가 보증하는 국내 공기업을 사업 파트너로 선택한 것이다.

로터스 수빠낏 체라와논 부회장이 MOU 체결에 앞서 김재수 aT 사장
에게 "한국이 조금 더 공격적으로 중국 시장에 진출해야 한다"고 촉구한
대목에서도 국내 농산물 수급에 대해 외국 기업이 얼마큼 몸이 달았는지
를 알 수 있었다.

MOU 체결에 수빠낏 부회장이 직접 참석한 것도 국내 농산물의 위상
변화를 잘 나타내고 있다. 중국의 로터스는 유통업 뿐 아니라 건설, 전
자부품 등을 생산하는 로터스 그룹의 한 계열사에 불과하다. 로터스 회
장은 지난해 포브스지가 선정한 150대 부호에 꼽힌 세계적 재벌가이다.
수빠낏 부회장은 그룹 회장의 장남으로 금명간 은퇴를 선언할 회장의 뒤
를 이을 그룹 내 핵심 인사. 회사 내부에선 수빠낏 부회장을 이미 회장님
이라고 부르는 게 이상하지 않을 정도이다.

따라서 이번 MOU 체결은 중국의 로터스가 한국의 농수산물을 수급하

는데 그룹 차원에서 나섰다는 뜻과 다르지 않다.

로터스가 중국에 한국 농산물을 들여오는데 심혈을 기울이는 또 다른 이유는 한류 문화의 확산이다. 중국내 한류의 확산은 먹거리 변화에도 영향을 끼칠 것으로 확신한다.

수빠낏 부회장은 "중국인은 문화혁명을 전후로 젊은 층과 중년층의 문화적 갭이 발생했다"며 "자국 근대 문화에 대한 혼란 속에서 새로운 즐길 문화로 한류를 받아들이고 있는 것 같다"고 분석했다.

▌중국을 잡아라

일본 대지진과 한류 문화의 붐으로 중국은 한국 농산물 수출에 매력적인 시장이다. 중국 시장도 이미 세계 최고 품질 농수산물의 소비 천국으로 부상한지 오래됐다. 중국내 최고 수준의 식당을 가보면 서울 수준 이상이다.

한국 농산물이 중국을 공략하는데 상하이를 시험대로 해야 한다는 주장이 적지 않은 것도 이때문이다. 경제 수도로서 돈의 흐름이 많고 유동인구 또한 동아시아 최대 도시라는데 주목하고 있기 때문이다. "상하이에서 성공해야 중국에 안착할 수 있을 정도로 중요한 곳"이라는 안총기 대한민국 상해 총영사는 "면적이 서울의 10배에 달하지만 인구는 2천 7백만 명에 불과한 상하이는 산이 없는 평지인 관계로 앞으로 1억 명이 살아도 될 정도로 팽창력이 큰 도시"라며 "국내 기업이나 상품은 반드시 상하이를 선점한 뒤 중국의 다른 도시를 보태나가는 전략을 써야 한다"고 강조했다.

하지만 중국에 진출한 국내 식품업계 현실은 수월하지 만은 않은 현실이다. 롯데마트 중국 현지 법인을 담당하는 박경식 사장은 "중국의 유통 구조는 우리와 전혀 달라 설불리 나섰다가는 손해 볼 수 있다"며 "특히 입점때 유통회사의 이윤을 먼저 계산한 뒤, 판매이윤도 따로 분배하는 제도를 잘 모르는 국내 기업들에게는 현지 유통 구조가 전혀 생소할 것"이라고 귀띔했다.

■ 중국산이 싸다는 것은 옛말

중국산 농수산식품 가격이 2년 연속 큰 폭으로 상승함에 따라 국내 밥상 물가를 위협하고 있다. 그동안 싸다고만 인식했던 중국산이 국산 못지않게 비싸짐에 따라 자국산 농식품 재배유통판매에 열을 올려야 한다는 주장이 제기되고 있다.

2013년 2월 말 서울 가락동 농수산물 도매시장에서 중국산 양파 1kg(상품)은 1천900원으로 지난달(1천350원)보다 39.6%나 올랐다. 당근과 브로콜리, 양상추 등도 지난해보다 각각 57%, 30%, 29% 올랐다. 관세청에 따르면 2월 중국산 고추(건조)는 1kg에 6천870원으로 전년보다 무려 82% 급등했고, 밤(냉동)양파(신선)미꾸라지도 29~64%까지 올랐다.

이번 중국산 가격 급등은 이미 2012년 말 가격 상승 파동을 겪은 이후라서 국내 충격이 터 클 수밖에 없어 보인다. 11월 수입 마늘과 고추 가격이 무려 3배가량 올랐는데 이는 중국 현지 가격이 상승했기 때문이다. '2012년 11월 농축수산물 수입가격 동향' 에 따르면 농축수산물 수입 가격지수는 2010년 1월을 100으로 할 때 109.6을 기록하는 등 수입산 가격이 전반적으로 상승했다.

올해 중국산 수입 농산물 가격이 크게 오른 건 작년 매서운 한파로 현지 작황이 좋지 못한 것이 가장 큰 원인이다. 당근의 경우 산둥성(山東省)과 푸젠성(福建省)에서 주로 수입하는데, 이곳 생산량이 전년에 비해

10% 정도 줄었다. 이 때문에 중국산 당근 수입량도 전년보다 10% 줄어든 8만2천여t에 불과했다.

중국산 가격 상승의 또 다른 이유로는 중국 내 소득 수준이 높아지면서 질 좋은 야채와 수산물 소비가 늘었기 때문. 꽃게의 경우 불과 수년 전 남 중독 파동을 일으킬 정도로 중국 의존도가 높았지만, 최근 중국의 꽃게 수요가 급증하면서 오히려 한국 서해안 꽃게를 수입하는 역전 현상까지 발생했다.

중국산 식자재 가격 상승은 국가 경제 전반에도 영향을 끼치고 있다. 이미 중국산 수입 농수산물이 우리 식탁 물가의 완충재 역할을 기대하는 것은 포기해야 할 상황이다. 1992년 12억달러였던 중국산 농산물 수입 실적이 지난해 45억달러(4조8천889억원)로 4배 가까이 늘어나는 등 중국산에 대한 수입 의존도가 갈수록 높아지고 있으나, 중국 현지 가격이 상승하기 때문에 같은 가격으로는 절대 예년과 같은 양을 들여올 수 없게 됐다.

▋ 농수산물 수출 최적기

김재수 농수산물유통공사(aT) 사장은 "지금이 신토불이 농산물을 세계화할 수 있는 적기다"고 주장했다. 중국산 농축수산물이 가격 경쟁력에서 떨어져 식품 안전과 품질에서 우수한 한국 식재료들의 수출길이 더 확대됐기 때문이다.

김 사장은 "동아시아 식자재 시장에서 중국은 가격경쟁력이 우세했고, 일본은 식품 안전성이 강점이었으나 최근 중국산 가격이 급등하고 원전 사태 이후 일본의 식품안전 인식도 크게 바뀌고 있어 상대적으로 국산의 인기가 올라가고 있다"며 "한류 바람을 등에 업고 국내산 식자재 유통망을 세계적으로 넓혀나간다면 시장 점유율을 쉽게 끌어 올릴 수 있을 것"이라고 말했다.

그는 이어 "국산 식자재 품목이 어려움을 겪고 있는 터여서 새로운 시장 개척은 국가적 산업을 승격시켜 개발해야 한다"고 덧붙였다.

국내 축산물 가격이 폭락하는 등 식자재 유통 내수 산업이 크게 위축되자 이에 대한 해결 방안으로 세계시장 개척을 강조한 것이다. 실제로 소돼지닭고기 가격이 급락한 것으로 조사됐는데, 2013년 2월 돼지 도매가격의 경우 kg 당 생산비(3천857원) 원가에도 못 미치는 2천907원에 거래된 것으로 나타났다.

김 사장은 "국내 축산물 가격 하락 원인은 적정 사육 마릿수 계산을 잘못했기 때문"이라며 "소돼지닭고기의 경우 적정 사육 마릿수는 각각

250만, 900만, 5천400만 마리지만 소돼지의 경우 100만 마리를 더 사육했고 닭은 적정 사육수의 두 배 가까이 길러냈다”고 지적했다.

그는 “지금의 소닭돼지 같은 잉여 축산물이나 앞으로 또 다른 잉여 식재료가 발생할 경우 해외 판로 개척 밖에 뾰족한 수가 없다”며 “세계인의 입맛에 한국산에 대한 충성심을 키워 준다면 배추값 폭락으로 배추밭을 갈아 없을 일도 없을 뿐 아니라 더 좋은 조건으로 거래할 수 있게 될 것”이라고 덧붙였다.

▌오리온의 성공 신화

중국 매장에서 오리온 제품은 항상 인기다.

오리온은 국내 식품 회사 가운데 유일하게 글로벌 제과업체로 성공한 기업이다.

1993년 진출한 중국에는 현지생산 체제를 구축해 베이징과 상하이, 광저우에서 4개 생산시설을 가동하고 있다. 베트남에는 현재 호찌민과 하노이 2곳에 현지생산시설을 운영하고 있다. 중국과 베트남 등지에서 오리온 초코파이는 ‘국민과자’로 불릴 만큼 인기몰이 중인데 현재 전 세계 약 60여 개국에 제품을 수출하면서 발을 넓혀가고 있다.

해외 실적 또한 호조세다. 2009년 기준 국외매출이 국내매출을 추월한 이후, 국외와 국내의 매출 비중은 55대 45의 비율로 점점 격차가 늘어나고 있다. 지난해 국외에서 벌어들인 매출만 7천500억원 규모. 올해는 국외 9천억원, 국내 7천500억원으로 예상된다. 중국의 제과시장이 국내 제과 시장 호황을 이루던 1980년대 수준이라는 점을 감안하면 오리온의 상승세는 당분간 이어질 것이 확실시되고 있다.

오리온 신화의 주요 원인으로는 철저한 현지화를 꼽는다. 유통망을 자력으로 해결하려 들지 않고 현지 벤더(판매처나 판매회사)를 훌륭히 활용한 결과다. 중국의 경우 경제가 발전한 동부 지역은 물론 서부 지역 구멍가게에도 오리온 제품을 보는 것이 어렵지 않은데 이는 현지 벤더에게 세계 최고 수준의 인센티브를 주었기 때문이다.

오리온의 관계자는 "세계화 성공을 위해서는 우리만 돈을 번다는 개념을 버려야 한다. 현지인도 같이 벌어들이는 수익 구조가 결과적으로 제품 확산 시간을 단축시킨다"며 "특히 상술이 발달한 중국의 경우 원−원 경제학은 필수적인 요소"라고 말했다.

오리온 성공의 또 다른 이유는 현지 투자이다. 오리온의 경우 세계 시장 개척의 선봉에 선 제품은 러시아의 국민간식 '초코파이'였다. 오리온은 러시아에서 벌어들인 자금을 그대로 중국 공장에 투자했다. 중국에서 생산한 제품은 중국 본토의 입맛에 맞게 개량돼 자연스럽게 중국인들에게 다가갈 수 있었다.

■ 중국 공략의 첨병 '유자차'

한국의 유자차가 차(茶) 문화의 본거지라 할 수 있는 중국에서 현지인들의 사랑을 받고 있다. 중국 상류층을 중심으로 그동안 접해 보지 못한 상큼한 맛과 비타민이 풍부한 건강식이라는 입 소문이 돌면서 대륙 최고의 명차인 보이차를 위협하고 있다는 기분 좋은 소식이다.

유자차는 우리 농산수산물이 중국 시장에서 성공할 수 있다는 자신감을 갖게 하는 상품이다. 우선 우리 농산물로 인해 중국의 전통 차 문화를 바꾸고 있다는 데 의미가 깊다. 중국의 차는 찻잎을 우려낸 맹물 수준의 음료를 마시는 게 보통이다. 이에 반해 유자차는 건더기까지 뜨거운 물에 풀어 내용물을 그대로 섭취하는 게 중국 전통 차 문화와는 차이가 많다. 이 같은 기존의 전통차 문화를 깨부수면서까지 유자차를 선호하는 중국인들을 보면 다른 한국의 식자재도 중국 시장에서 충분히 성공할 수 있을 것이라는 자신감을 갖게 한다.

유자차가 우리 농산물의 우수성을 알린 홍보 대사 역을 하고 있다는 점도 눈여겨 볼 만하다. 사실 유자의 유래는 중국이지 한국이 아니다. 하지만 중국의 유자는 맛이 떫고 신맛이 강해 주로 약재로 쓰였다고 한다. 중국에서 한국으로 넘어온 유자는 한국 토양 덕분에 맛과 품질이 개량돼 이제 본토를 점령하고 있다. 유자의 성공으로 국내 무배추 등도 중국산

보다 낫다는 평가도 기대해 볼 수 있다.

지방에서도 유자차의 중국 진출이 반갑다. 2011년 8월 경산의 한 식품 회사가 중국에 100만달러를 수출한 것을 계기로 경북도 차원에서 유자차 수출 지원을 아끼지 않고 있는 실정이다.

하지만 돈 되는 것이라면 무엇이든 만들고 보는 중국시장의 습성 때문에 차별화 전략도 서둘러야 한다. 이미 한 병에 한화 600원 정도의 저가 유자차 제조업체가 중국에 등장하는 등 유자차 시장 경쟁이 날로 뜨거워지고 있기 때문이다. 이 때문에 한발 앞서 ISO 9001, FDA 등의 세계적 식품품질인증을 획득함으로써 중국산 제품에 비해 우수한 품질을 부각시키는 한편 품질 유지와 소비자의 수요를 반영한 신제품 개발에 나서야 한다는 주장이 나오고 있다.

■ 자랑스런 국가 유산 '음식디미방'

"대구경북엔 먹을 게 없다고 하더니 거짓말이었네!"
"이런 귀한 웰빙 음식들이 어디 숨었다가 이제야 나타
났지?"

'2012 대한민국식품대전'이 열린 경기도 고양시 킨
텍스 제2전시관 10번 홀에는 '음식디미방'에 나오는 음식을 맛보려는
사람들로 북새통을 이뤘다. 한 번 맛을 본 이들은 이구동성으로 엄지손
가락을 치켜들고 '이 새대 최고의 음식'이라며 극찬했다.

아시아 최대 식품 박람회인 대한민국식품대전'은 한식의 세계화 홍보
현장으로 각광받고 있다. 행사에는 경북 영양에 있는 한글로 서술한 최
초의 조리서인 '음식디미방'이 처음으로 관객들에게 선을 보였다. 경북
전통음식을 알리는 첫 번째 단계로 요리서인 디미방을 전면에 내세우기
시작한 것이다.

젊은이들의 관심이 쏠린 음식디미
방

디미방 전시장은 책과 함께 저자인 장계
향 선생을 자세하게 소개했다. 또 디미방
에 소개된 음식을 그대로 재현해 전시가
끝나는 날까지 관람객들에게 무료로 대접
하는 시식 행사도 진행했다.

행사 시작일, 디미방의 음식을 먹어 본
사람들은 한결같이 "이 시대 최고의 웰빙 음식"이라고 한목소리를 냈

다. 경기도 김포에 사는 대학생 김모(22여) 씨는 "340여 년 전 조상들이 먹던 것을 그대로 재현하면 맛이 없을 줄 알았는데 뜻밖에 입맛에 맞는다"고 말했다. 서울 서초동에 거주하는 박모씨(52여) 씨는 "수백 년 전에 이 같은 웰빙 음식이 있었다는 것을 모르고 새로운 음식만 추구해 온 것이 부끄럽다"고 했다. 특히 60대의 한 남성은 꿩고기로 만든 석류탕을 맛본 뒤 "대구경북엔 먹을 게 없다더니 아니었네…"라고 감탄했다.

그동안 대구경북은 '변변한 먹을 것이 없는 지역'이란 소리를 들었다. 하지만 이번 디미방 전시를 통해 대구경북 음식에 대한 수도권 소비자들의 인식이 서서히 변하고 있다. 교통통신의 발달로 식재료는 전국 어디에서든지 수시간 내로 조달되기 때문에 먹을거리 수송은 더 이상 문제가 되지 않는다는 게 음식 전문가들의 얘기다.

전문가들은 앞으로 음식에 스토리를 입히고 공격적으로 홍보하는 일이 중요하다고 강조하고 있다. 특히 경북에는 수백 년을 내려온 '음식디미방'이란 좋은 소재가 있다는 것. 이를 브랜드화해서 지역의 식산업을 개발한다면 새로운 소득원이 될 것으로 내다보고 있다.

그래서 이번 식품대전에 디미방이 처녀 출전한 것은 특별한 의미를 지닌다고 볼 수 있다는 평가다. 전국적으로 소비자의 절반 이상이 몰려 있는 수도권을 공략하기 위한 초석이 놓였다는 얘기도 나온다. 그동안 디미방의 홍보는 경북도나 영양군 등에서 국지적으로 이뤄져 왔고, 그 성격도 문화적 유물을 계승하는 데 초점을 맞춘 게 고작이었다.

경북 영양이 고향인 김재수 한국농수산식품유통공사 사장에 따르면 세계 식품시장 규모는 무려 5천조원. 자동차 산업의 2.5배, 정보통신 산업의 6배에 달하는 거대한 시장이다. 이번 식품대전의 규모만 하더라도 한국을 포함해 43개국, 총 1천150개 업체가 참여했고, 즉석에서 20억달러의 수출상담 실적이 진행됐다.

이에 따라 지역의 전통음식을 바탕으로 음식 산업을 적극 육성해야 한다는 목소리가 나오고 있다. 더구나 디미방 같은 향토음식 산업은 막대한 예산을 필요로 하는 연구개발이나 도로 건설 사업이 필요치 않다는 점에서 이점은 상당하다. 대대로 내려오는 전통을 무기 삼고 현대인에게 맞는 약간의 개량만 이뤄진다면 지역의 또 다른 차세대 신성장 동력 산업이 될 수 있다는 게 전문가들의 주장이다.

행사에 참석한 권오승 전 영양군 부군수는 "특히 영양 같은 오지의 미래 산업으로 식품산업이 각광받을 것으로 확신한다"며 "전국적으로 홍보만 이뤄진다면 디미방을 브랜드화한 사업의 성공은 시간문제"라고 말했다.

■ 음식디미방의 홍보 주역들

‘음식디미방’이 ‘대한민국 식품대전’에 참여할 수 있기까지 대구경북 지역 출신 인사들의 남모르는 노력이 숨어 있었다. 국회의원부터 자치단체장, 공사기업 임원, 이들의 부인들까지 ‘음식디미방’을 전국에 알리기 위해 정관재계 인사들이 똘똘 뭉쳤다.

그중에서도 유성걸 국회의원의 역할은 절대적이었다. 기획재정부 차관 시절 ‘음식디미방’에 대한 이야기를 듣고 “지역에서만 홍보하지 말고 서울까지 진출시켜 더 많은 사람에게 알려야 한다”며 관련 예산을 직접 챙겼다. 당시엔 공무원 신분이어서 특정 지역의 예산을 편들 수 없었지만 장기적 안목에서 국가적으로도 도움이 될 것을 확신하고 선뜻 목돈을 편성했다. 이번 ‘음식디미방’ 홍보전시관 사업을 매년 정례화하는 계획도 유 의원의 예산 확보 덕분에 가능해졌다.

김재수 농수산식품유통공사 사장과 권오승 전 영양군 부군수 등 두 명의 영양군 출신 인사들의 지원도 이번 행사의 든든한 버팀목이 됐다. 평소 ‘디미방 전도사’로 불리며 음식산업에 뚜렷한 주관을 갖고 있는 김 사장은 10여 년 전부터 지역의 신성장 동력은 향토 음식 산업이라고 주장해왔다. 그의 끈질긴 노력으로 ‘음식디미방’이 세상에 빛을 보게 됐을 뿐 아니라 지역 먹을거리 산업도 걸음마를 뗄 수 있었다는 평가를 받고 있다. 이번 디미방 홍보전시관도 농수산식품유통공사가 주관했다.

권 전 부군수는 매년 지역에서 ‘음식디미방’ 사업을 직접 챙기며 각별한 애정을 쏟아왔다. 이번 전시에 디미방 보존회 회원들과 군청 직원들을 파견해 대회 운영을 원활하게 하는 데 일조했다.

재계에서는 나이스홀딩스의 김광수 회장이 각별한 관심을 쏟았다. 기술력은 있지만 자금력이 약한 회사에 투자해 수없이 성공한 김 회장은 전통음식도 마찬가지로 보고 있다. 디미방 같은 음식 사업도 결국, 기술은 있지만 홍보가 제대로 이루어지지 않아 아직 성공을 거두지 못한 사업이라는 것이다. 김 회장은 앞으로 각 가문의 부엌 문지방을 넘지 못하고 있는 향토 음식을 발굴하는 데 일조할 계획이다.

'부인 3인방'의 열정은 이번 행사의 성공에 도움을 줬다. 340여 년 전의 손맛을 그대로 재현해 낸 조귀분 음식디미방보존회 회장은 디미방 음식 연구에 평생을 매진했다. 디미방이 보존되고 있는 두들마을의 석계 종부로서 그가 아니면 재현이 안 되는 음식이 있을 정도로 디미방 음식 재현의 국내 최고 전문가이다.

김춘희·추선희 씨는 디미방의 저자 군자 장계향의 정신을 재조명했다는 점에서 측면 지원에 나선 인물. "장계향 선생이야말로 이 시대 최고의 여성이고 성인"이라며 신사임당 반열에 올려놓는 데 주저하지 않는다. 두 사람은 각각 김관용 경상북도지사, 강석호 영양영덕봉화울진 국회의원의 부인이다. 김 씨는 장계향 연구를 통해 박사 학위를 받은 국내 유일한 여성이기도 하다.

▌ 성인군자 장계향

장계향 초상화

　‘음식디미방’(飮食知味方)이란 ‘음식의 맛을 아는 방법’이라는 뜻이다. 340여 년 전에 쓰인 우리나라 최초의 한글 조리서이다. 경북 영양에 살던 사대부가의 장계향(1598~1680) 선생이 후손들을 위해 지은 것으로 당시 조리법은 물론 발효식품, 식품보관법까지 소개하고 있다. 앞뒤 표지 두 장을 포함해 총 30장의 필사본으로 돼 있다. 340여 년이 지난 지금도 이 책을 따라서 요리를 할 수 있을 정도로 실용적이다. 책은 옛날과 오늘의 식문화를 비교 연구하는 데 소중한 자료이며, 거의 사라져 버린 옛 조리법을 발굴할 수 있는 지침서로서도 그 가치가 대단하다고 할 수 있다.

　특히 최근 장계향 선생이 재조명되고 있는데 현모양처이자 시인, 화가, 서예가, 교육자이며 사상가와 과학자, 사회사업가로 많은 활동을 한 면모가 새롭게 드러나고 있기 때문이다.

　‘위대한 어머니’ ‘여성 중 군자’라는 칭호를 듣고 있다. 선조 31년 경북 안동 금계리에서 태어났으며 퇴계 이황의 학통을 이은 경당 장흥효의 무남독녀였다. 19세 때 아버지가 아끼던 제자 석계 이시명의 계실이 됐으나, 셋째아들이 이조판서를 지낸 이후 정부인 품계가 내려졌다. 숙종 8년 83세를 일기로 경북 영양 석보면에서 타계했다. 소설가 이문열의 소설 ‘선택’의 주인공이기도 하다.

▍ 식품클러스터 사업

　지방, 특히 내륙 지역은 별다른 산업이 성장하지 못하는 한계가 있다. 바다를 끼고 있다면 항만 운영이라도 가능하지만 광주나 대구 같은 내륙 지역은 제조업과 연구개발 산업을 발전시키지 않고서는 자생력을 확보할 방법이 사실상 없는 형편이다. 이런 지역이야말로 식품산업 발전이 불가피한 지역이다. 하지만 호남의 경우 식품클러스터 단지 건설이 확정되면서 식품산업에 본격적으로 발을 들여 놓았지만 대구경북이 포함된 영남권은 아직 걸음마 조차 띄지 못한 형국이다. 이 때문에 영남권에도 하루 속히 식품클러스터 같은 프로젝트가 수립돼야 한다는 지적이 나오고 있다.

　특히 최근엔 대구경북 농축수산업과 이를 활용한 식품산업의 경쟁력이 떨어지고 있다는 정부와 전문가들의 진단이 나왔다. 하드웨어 분야는 물론 고부가가치를 창출해 내는 소프트웨어 분야까지 타 지역에 뒤처져 있어 지역 경제 발전에도 악영향을 미치고 있다는 분석이 나온 것이다.

그동안 농축수산업 산업에서 가장 발 빠르게 움직이고 있는 지역은 호남이었다. 이미 2015년까지 5천여억원을 들여 식품산업클러스터 사업을 추진 중에 있다.

‘국가식품클러스터’는 전라북도 익산시에 150여 개의 식품기업연구기관, 대학 등이 집적된 R&D수출지향형 국가 식품전문산업단지를 조성하는 사업이다. 전북도는 이 사업으로 전국 식자재 유통 및 식품 산업 전반에 걸쳐 주도권을 확보한다는 복안을 갖고 있다.

최근에도 전라남북도는 정부가 지정한 광역친환경농업단지 두 곳을 모두 유치하면서 관련 분야 경쟁력을 강화하고 있다. 광역친환경농업단지는 농업과 축산을 연계한 600㏊ 이상 대규모의 자원순환형 단지를 조성하는 사업으로 600억 원이 투입된다. 선정 지역은 전북 담양, 전남 임실이다.

같은 영남이지만 경남은 대구경북에 비해 빠르게 움직이는 분위기다. 함양은 최근 국립축산과학원 가축유전자원시험장(2016년 가동)을 유치하는 데 성공했다. 가축유전자원시험장은 흙소를 비롯한 3천200여 마리의 살아 있는 가축과 7만3천여 점의 생식세포와 2만5천여 점의 DNA를 보유해 구제역과 조류독감 등 악성 가축 전염병으로부터 유전자원을 보호하는 역할을 한다.

수년 전 구제역 파동 때 시발점이 경북이라는 명분을 갖고 안동이나 영주시가 유치를 위해 사활을 걸었을 법한 사업이었다. 하지만 뒤늦은 행보로 1천여억원이 투입되는 이 사업을 대구경북은 결국 놓치고 말았다.

수도권은 이미 농축수산업에서 상당한 경쟁력을 갖췄다. 농촌진흥청이 수원에 있어 전국의 연구개발 사업을 이끌고 있고, 전체 국민 절반의 수요자를 확보하고 있어 초대형 물류기지 및 도소매점이 밀집해 있다.

김재수 농수산식품유통공사 사장은 지역의 농축수산물 사업 경쟁력 약화와 관련 "지역의 관심 부족도 한몫하고 있으나 인사 면에 있어서도 문제가 있다"며 "역대 농림부 장관은 호남 인사가 다수였으나 대구경북 출신은 손에 꼽힐 정도에 불과한 실정"이라고 말했다.

농축수산물은 도두 먹거리 재료이다. 따라서 이 분야는 결국 먹는 산업, 식품 산업으로 귀결 지을 수 있다. 국내 외식산업 규모는 이미 10년 전 40조원을 넘어섰다.

이 시장은 외식산업, 다시 말해 가공된 식당업 시장을 말한다. 하지만 식재료를 다루는 식자재 유통 쪽 시장 규모는 이보다 무려 6배나 더 크다. 각 지자체가 식품 산업에 발 빠르게 눈을 돌리고 있는 이유가 여기에 있다.

한 식품전문가는 "수백조원이 넘는 시장에서 어떤 지역이 어떤 품목을 선점하는지가 앞으로 식품 산업에서 최대 변수가 될 것"이라며 "예를 들어 의성 하면 마늘, 영양 하면 고추, 이렇게 특화된 작물에 대해 소비자들의 높은 충성도가 각인될 경우 해당 지역에선 공장이나 대기업이 들어오는 것보다 더 큰 수익을 창출해 낼 수 있을 것"이라고 말했다.

전문가들은 대구경북이 식품 산업을 발전시키기 위해서는 장치 산업과 소프트웨어 산업을 동시에 발전시켜야 한다고 주장하고 있다. 익산의 식품산업클러스터 같은 연구개발 기관을 설립하는 한편 지역 고유 식품에 대한 강력한 홍보가 병행돼야 한다는 것이다.

기간 사업 설립을 위해서는 일부 지역 정치권만이 인식을 같이하고 있다. 주호영박종근 전현직 새누리당 의원은 "식품 산업을 발전시키는 국가 기관이 호남 지역에 유일하게 들어서는 것보다 영남권에도 한 곳 배치에 경쟁 체제를 갖춰야 한다"며 "영남의 고유한 식자재 산업의 세계화를 위해서라도 식품클러스터 같은 하드웨어 사업이 대구경북에 반드시 들어서야 한다"고 주장했다.

이와 함께 우리나라 최초의 한글 요리 서적인 음식디미방 등 지역 고유의 식음재료를 적극 발굴해 스토리텔링과 공격적인 마케팅을 펴야 한다는 주장도 제기되고 있다.

김관용 경북도지사의 부인인 김춘희 씨는 "재현해 본 결과 이 시대 최고의 웰빙음식으로 판명된 음식디미방과 전국 최다 종부가 모여 살고 있는 경북 지역은 ○○미 전통음식에 있어서는 메카로 불려도 손색이 없는 지역"이라며 "이 같은 사실을 소비자에게 제대로 알릴 경우 음식문화 불모지라는 일부의 비판 섞인 오명도 단박에 말끔히 사라질 것"이라고 말했다.

제3장
지방경제

세종시

······

말도 많고 탈도 많았던 행정수도 복합도시 세종시!
이제는 거스를 수 없는 시대의 대세속에 하루하루 면모를 달리해 가고 있다.
문제는 얼마나 잘 뿌리를 내리느냐 이겠지만 아직은 글쎄(?)다.

······

▌착근하지 못한 세종시

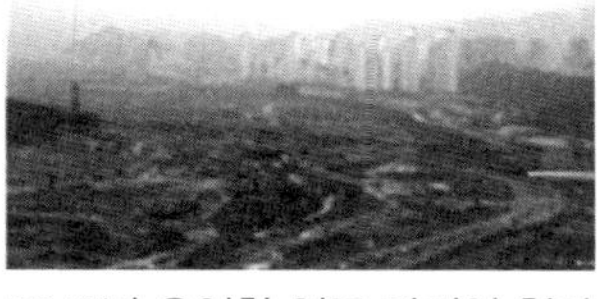

2012년 유일한 입주 단지인 첫마을 인근은 온통 공사장이다.

최근 지방 행정의 가장 큰 변화로 세종특별자치시가 공식적으로 탄생한 것을 빼 놓을 수 없다. 세종시의 탄생으로 전국의 광역 행정구역은 16개 시도에서 17개 시도로 재편됐으며 신행정수도로서의 위상을 조심스럽게 드러냈다. 하지만 2013년 초입인 현재 정제되지 못한 측면이 많다. 정주 여건이 제대로 마련돼 있지 않아 입주민들의 불평은 멈추지 않고 있다. 2030년까지 인구 50만명을 꿈꾸는 행복도시의 면모는 현재로선 보이질 않는 상황이다.

세종시 건설을 맡고 있는 행복도시건설청에 따르면 2012년 10월 현재 세종시 전체 공정률은 42.1%에 불과하다. 이마저도 건물 완공률이 아닌 예산 배정 단계이거나 준공 중인 것을 포함한 것이어서 실제 도시의 완공가동률은 10%에도 미치지 못한다.

아파트 입주율은 세종시 전체 아파트 20만 호 가운데 첫마을(6천528호) 이외에 사람이 살고 있는 곳은 찾아볼 수 없다. 11월 현재 도시가 계획하고 있는 전체 아파트 가운데 약 3%밖에 사람이 살고 있지 않다는 말이다.

이런 사정 때문에 아파트 가격은 줄곧 상승세다. 이미 분양이 끝난 곳은 수천만원의 프리미엄이 붙어 있고 분양 예정인 아파트에도 많은 사람이 몰린다.

행복청 관계자는 "주택 가격이 상승하고 있다는 것은 일부 부동산 업자들이 퍼트린 이야기이고 세종시 아파트들은 실소유자의 주거용이 대부분이어서 거래가 성사되지 않고, 가격 변동도 없다"면서도 "현재로서는 수요에 비해 공급이 부족한 면이 있어 호가가 올라가는 것은 사실"이라고 말했다.

전세난도 심각한 상황이다. 현재 세종시 정부청사 인근에는 첫마을 6천여 호가 완공된 아파트의 전부이다. 지난 해 이전한 4천여 명이 넘는

입시 열기 못지 않은 세종시
의 한 유치원 입학 추첨식

부처 직원과 대전조치원공주 등 인근지역 주민들이 몰리면서 전세 매물은 찾아보기 어려운 상황이 됐다.

세종시의 한 부동산 업자에 따르면 "전세를 계약하러 하루 수십 명이 문의하지만 20, 30평대 소형 평수 아파트는 아예 없고 대형 평수 몇 채만 남아 있다"며 "전세 매물은 금방 나가기 때문에 오전에 매물을 봤다면 오후에 계약을 하거나 현장 방문 당시 가계약을 하지 않으면 곧바로 다른 전세 계약자가 나타나 금방 소진된다"고 말했다.

첫마을 주민들은 발코니나 옥상에 빨래를 널지 않는다. 사방에서 날아오는 분진이 아파트 창가에 쌓일 정도여서 빨래가 상하거나 변색되기 때문이다. 자주 청소를 하지 않거나 비가 내리지 않는다면 외벽 창가는 금세 먼지투성이가 되고 만다.

최근 세종시의 한 지역신문은 '무법천지 건축현장'을 1면 머리기사로 전하면서 세종시 건설업체들의 안전 불감증을 꼬집었다. 기사는 "한 건설 공사장에 설치한 타워크레인 회전반경이 인도를 침범하는 것은 물론이고 크레인이 회전할 때마다 프런트 빔이 보행자의 머리 위로 지나다니고 있어 생명에 위협을 주고 있다"고 고발했다. 크레인협회도 이 같은 공사 진행 방식을 두고 '고발 대상'이라고 지적했으나, 관계 당국은 무대응으로 일관해 시민들의 분노를 사고 있다.

학교 및 보육시설 부족 등 열악한 교육환경도 문제다. 첫마을에 위치한 두 개의 초등학교 가운데 하나인 한솔초등학교는 900명 정원으로 설립됐지만 최근 1천500명의 학생이 몰리면서 10학급을 추가로 만들었다. 증설 교실은 인근 고등학교 교실과 초등학교 교장실 등을 개조한 것이어서 이 학급에 배정받은 초등학생은 고등학교에서 수업받거나 교장실에서 수업을 해야 하는 웃지 못할 상황이 발생하고 있다.

보육시설도 턱없이 부족한 상태. 유치원비가 적은 병설 유치원의 경우 추첨을 통해 입학이 이뤄지고 있는데 입학 우선순위 자격을 적어도 세 가지 이상을 가지고 있어야 입학이 가능할 정도로 일반인들에겐 문턱이 높다. 일부 유치원 학부모들은 6, 7세 자녀들을 2~5세가 다니는 어린이집에 보내거나 보육 여건이 좋은 대전의 유치원으로 '유학'을 보내는 일까지 빈번하다.

국토계획 전문가들은 "세종시 첫마을 보육시설의 경우 이전 공무원 아이들만 다닐 수 있게 설계했고 인근 지역에서 유입된 인구 증가를 반영하지 않은 게 원인"이라며 "이마저도 고등학생 유입은 예상보다 적고 초등학생이나 그 밑의 아동만 크게 늘어나는 등 유입 학생 계산이 처음부터 틀렸다"고 주장했다.

▌세종시, 투자금 빨아 먹는 공룡될까?

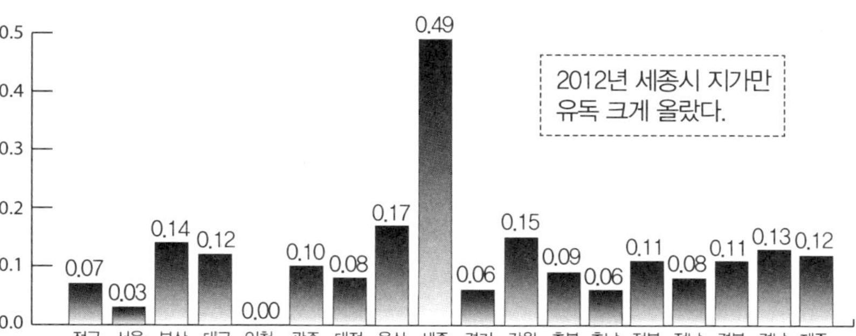

세종시 지가변동률(국토해양부 / 단위 %)

　세종특별자치시의 땅값이 가파르게 상승하고 있다. 이 상태가 지속한다면 인근 지역은 물론 대구광주 등 타지방의 투기자금을 모두 빨아들이는 블랙홀 현상이 나타날 수 있다는 우려가 제기되고 있다.

　2012년 세종시 땅값 상승률은 3월 이후 9개월 연속 전국 1위를 차지할 만큼 고공행진을 이어갔다. 특히 국토해양부 지가변동률 자료에 따르면 세종시 땅값은 2011년 11월 이후 1년 동안 5.61%이나 상승한 것으로 나타났다. 11월엔 0.49% 오르며 전국에서 가장 높은 상승률을 보이기도 했다.

　토지거래량도 만만치 않다. 대구 등 대도시권과 비교하면 토지거래 가

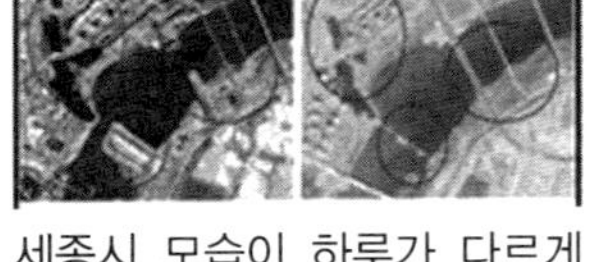

세종시 모습이 하루가 다르게 변해가고 있다.

격은 물론 거래량 측면에서도 단연 두드러진다. 실제 2012년 11월 전국 대도시별 순수토지거래량을 살펴보면 세종시는 105만2천㎡로, 서울(24만5천㎡)과 대구(104만8천㎡)는 물론 인천(100만3천㎡), 광주(71만㎡), 대전(41만5천㎡) 등 5개 도시보다 많았다.

"세종시와 인근지역 땅값이 많이 올랐지만 앞으로 개발수요를 감안하면 아직도 상승여력이 충분한 것으로 평가된다"는 게 부동산 전문가들의 주장이다.

세종시 계획안에 따르면 2030년까지 총 20여만 호의 주택이 건설된다. 호당 3억원씩만 계산하더라도 무려 60조원이 주택자금으로 세종시에 몰리게 돼 있다. 여기에 상가 등 근린시설에 투자되는 돈까지 포함하면 세종시에 몰려드는 자금은 천문학적이라 할 수 있다.

문제는 국내 총 투자금은 한정돼 있는데 세종시에만 막대한 투자금이 쏠리면 타지방 건설 경기는 더 악화할 수밖에 없다는 점이다. 이미 인근지역인 대전은 세종시 블랙홀 현상이 가시화된 상태이고 대전에 이은 다음 희생양은 어느 지자체가 될지 관심이 쏠리는 분위기다.

세종시 부동산업계 일각에서 대전과 세종시의 신규아파트 분양경쟁을 빗대 '다윗과 골리앗의 싸움'이라고 표현한다. 공급물량이 압도적으로 많을 뿐만 아니라 개발압력이 높아 대전시 주택수요자까지 끌어당기는 흡인 효과를 발휘하고 있기 때문이다.

부동산 한 전문가는 "세종시 개발로 대전과 청주, 천안 등 주변 대도시 부동산시장에 가격 동반상승 효과가 있을 것이란 기대감이 높지만 다른 지역 부동산시장은 더 경색될 것이다. 세종시가 주변지역 투자금까지 빨아들이는 블랙홀이 되고 있다"고 말했다.

세종시의 팽창은 지방에도 영향을 주고 있다. 특히 대구시 같은 경우 단독 유치를 희망했던 과학비즈니스벨트는 절반을 세종시 인근의 충북 오송에 떼 준 데 이어 각종 이해관계가 얽힌 사업을 세종시로 뺏길 가능성이 있다. 정부가 신생 도시인 세종시에 자생력을 불어넣기 위해 특별 보호육성 정책을 펴고 있고, 세종시도 '인큐베이터론'을 주장하면서 정부 지원을 압박하고 있기 때문이다.

지방의 지가와 땅값 상승률은 세종시보다 턱없이 낮은 상황에서 지방에 쏠릴 투자금이 세종시로 눈을 돌리는데도 그다지 긴 시간이 걸리지 않을 것으로 보인다.

▌세종시는 세금 먹는 하마?

세종특별자치시에 대한 지방교부세 지원 논란이 가열되고 있다. 국회에서 발의된 세종시 특별법 개정안이 국회를 통과하면 가뜩이나 열악한 도와 시군의 재정이 더 악화되기 때문이다.

이해찬 전 민주통합당 대표 등 민주당 의원 전원과 충청권 의원 등 155명은 현행 '지방교부세 산정액의 25%를 5년간 추가 교부' 하는 내용을 '보통교부세 총액의 1.5%를 정률 교부하고 2030년까지 총액의 3%까지 되도록 단계적으로 상향조정' 으로 변경하는 '세종특별자치시 설치 등에 관한 특별법 개정안' 을 지난달 공동 발의했다. 특별법대로 교부세 1.5%가 세종시에 쏠린다면 세종시의 내년도 교부금은 올해(전국 총액 약 29조원의 0.37%인 1천69억원) 대비 4배가 넘는 4천378억원이 된다. 반면 대구경북 등 16개 시도 교부금은 3천309억원이 줄고 전국 시군구별로 평균 10억~20억 원의 교부세가 감소할 전망이다.

이에 따라 전국 지자체가 재정 위기를 겪고 있는 가운데 국책사업으로 조성한 세종특별자치시 재원을 국비로 충당하지 않고 보통교부세를 일정비율 삭감지원하는 것은 헌법에 명시된 지방자치 정신에도 위배된다는 지적이다.

지방자치단체 관계자들은 "세종시는 정부가 정책적으로 추진한 것인만큼 여기에 필요한 재원을 열악한 지방재정에서 나눠 충당해서는 안 된다"며 "지방재정과 직결되는 법안을 만들며 지방자치단체의 의견은 전혀 수렴하지 않았다"고 반발했다.

전국 시장군수구청장협의회는 급기야 국회에서 기자회견을 열어 '세종시특별법 개정안' 중 보통교부세 배분 재정특례 조항 삭제를 촉구했다.

협의회는 227개 시군구 중 174곳이 서명한 성명서를 통해 "현재 지자체는 사회복지비가 급속히 증가하고, 부동산 경기 침체에 따른 지방세수 감소로 내년 예산 편성을 할 수 없을 정도로 재정 상황이 심각하다"며 "세종시에 보통교부세를 정률 교부하는 대신 국비로 지원하라"고 촉구했다.

세종시 특별법 처리를 세종시를 제외한 전국이 모두 반대하고 있으나 법안 처리가 불발된다고 보기에는 이르다. 세종시가 '특별법 추진은 세종시만을 위한 것이 아니다'며 처리 강행을 여전히 주장하고 있는데다, 대선을 앞둔 여야 대선 주자들도 특별법 개정에 드러내놓고 반대하지 못하는 상황이기 때문이다.

세종시 관계자는 "세종시 지원을 두고 여러 곳의 곳간에서 돈을 빼다가 한쪽에 더 얹는 개념으로 생각한다는 건 큰 오산"이라며 "세종시는 광역자치단체와 기초자치단체의 역할을 모두 수행하는 단층제 행정구조이지만 보조금은 광역단체에 대한 것만 받고 있어 교부금 상향 조정은 당연하다"고 주장했다.

▌일 손 안 잡히는 공무원들

박근혜 대통령의 정부 부처 개편 발표 때문에 공무원들 사이에서 희비가 엇갈리고 있다. 세종시로 이전되는 인사들은 고개를 떨구고 있지만 서울에 잔류할 가능성이 큰 부처 직원들은 한숨을 돌리고 있다.

부처 개편안에 가장 실망한 부처는 외교부다. 이들 가운데서도 통상 업무를 담당하는 공무원들은 서서히 짐을 싸야 할 형편이다. 외교통상부에서 지식경제부 소속으로 바뀌게 된 통상교섭본부 소속 150여 명은 개편되는 산업통상자원부의 이전과 함께 올해 말 세종시로 내려가야 하기 때문이다.

이들은 신분도 외교관에서 행정공무원으로 바뀌면서 외교관용 여권까지 반납해야만 한다. 특임장관실 역시 특임장관제 폐지와 함께 세종시에 있는 국무총리실로 가게 돼 같은 처지에 놓였다.

세종시로 내려간 국토해양부 소속 공무원 중 일부는 해양수산부의 부활과 함께 또 짐을 싸게 됐다. 다행히 해수부가 세종시에 존치할 것으로 확정됨에 따라 또다시 이사를 가는 일은 없어 졌으나 부지 선정 전 까지 250여 명에 달하는 해양 관련 공무원들은 연일 나오는 해수부 예측 기사에 마음을 졸여 왔다.

이번 정부조직 개편에서 가장 주목받는 부처 중 하나인 미래창조과학부(신설)의 경우도 새로운 정부 구성안에 당혹스럽다. 미래창조과학부가 세종시로 갈 것이라는 관측이 높은 가운데 이관되는 업무를 맡은 1천

300여 명의 공무원들 역시 대통령직 인수위원회만 바라보고 있다.

일부 300여 명의 방송통신위원회 소속 공무원과 1천여 명의 중앙전파관리소 소속 공무원들은 세종시 전세를 보기도 했다. 결국 미래부는 과천에 들어가는 것으로 확정됐다.

반면 부처 개편 소식에 웃음 짓는 이들도 있다. 안전행정부로 개편될 행정안전부로 편입되는 공무원들이 바로 그 주인공이다. 세종시에 내려가 있던 이들은 개편안 확정과 함께 서울로의 회귀소식만을 기다리고 있다

한편, 정부부처 산하기관들의 희비도 엇갈린다. 행정중심복합도시건설청에 따르면 최근 선박안전기술공단 신청사 건축을 허가했다. 국토해양부 산하 공공기관인 선박 공단은 현재 인천시 연수구에 있으며, 약 250명의 직원이 선박의 안전운항을 위한 검사업무를 하는 기관이다. 행복청이 지난 2011년 세종시에 유치한 첫 번째 공공기관이다.

경기도 안양시에 있는 농림수산식품부 산하 농림수산식품 교육문화정보원도 최근 세종시 이전에 속도를 냈으나 식품 분야 쪽이 어느 부처로 편입될지 촉각을 곤두세우고 사태 변화 추이를 관망하는 쪽으로 선회했다. 농림수산식품부 산하 축산물품질평가원(현재 경기 군포 소재)도 사정은 마찬가지다.

정부의 부처 개편은 시작단계에서의 혼선 등 넘어야 할 산이 많다. 행안부는 지난 정부에서 행정자치부였다가 5년 만에 또 이름을 변경함에 따라 예산 낭비요소가 많다. 상징적 차원에서 이름을 바꾸고, 경찰청과

소방방재청의 인력을 충원할 뿐 조직의 기능이 크게 바뀌는 것은 아니기 때문이다.

부처 명칭 변경으로 로고뿐 아니라 '행정안전부'라고 쓰여 있는 현판 정부 기안용지부터 시작해 서류, 명함 등 모든 것을 교체해야 하기 때문에 비용이 만만치 않을 것으로 예상한다.

이에 앞서 2008년 행안부는 슬로건을 바꾸는 데 수 천만 원을 사용했다가 여론의 뭇매를 맞은 바 있다.

지역 경제 단상

......

경제는 생물체와 같다. 가계와 정부와 기업이 골고루 돌아가야 하듯
수도권과 지방 대기업과 중소기업도 같이 맞물려 돌아가야 한다.

......

▌ 혈세로 땅 만 파는 지방 정부

경제부흥과 경제민주화 기치를 내걸고 국가 경제의 새로운 패러다임을
구축하려는 박근혜 정부가 출범했다.

하지만 지방정부는 관성적으로 해오던 하드웨어 산업에 치중할 것으로
전망된다. 전국 16개 시도별 5대 국책 사업을 분석한 결과 대부분 SOC
사업에 편중돼 있고 연구 개발이나 소프트웨어 산업 등 지역의 체질 변
화를 가져올 만한 사업은 찾아보기 어렵다. 이 때문에 지방정부는 새 정

부 구상에 맞는 새로운 맞춤형 사업 발굴과 추진이 시급하다.

기획재정부와 행정안전부로부터 최근 입수한 자료를 토대로 전국 16개 시도(세종시 제외)의 '2013년 5대 국책 사업'을 분석했다. 5대 국책 사업은 현재 추진 중인 사업으로 예산규모 순으로 선정했다. 이에 따르면 모든 지자체의 사업이 SOC 산업에 편중돼 있었다. 국가 돈을 끌어와 땅을 파고 건물 짓는 사업만 진행하고 있었다.

대구는 도시철도 3호선 건설 사업에 약 9천억원의 정부 지원금이 투자된다. 이어 1호선 서편 연장 건설, 측면도로 정비 사업, 동대구역 고가교 확장, 대구텍스타일 복합관 건립 사업에 6천억원 가까운 국비가 투입되는 등 모두 하드웨어 신축보강 사업이었다.

서울과 부산은 각각 도시철도 9호선 3단계 사업과 도시철도 1호선 연장 건설 사업에 각각 5천억원에 가까운 국비가 투입됐다.

인천과 대전도 크게 다르지 않았다. 인천의 경우 인천도시철도 2호선 사업에 무려 1조1천억원이, 대전은 주거환경 개선 사업에 500억원이 투자되는 등 5대 국책 사업 모두가 사회간접자본 투자 사업이었다.

인구가 많고 면적도 상대적으로 큰 도(道) 지역도 사회간접자본에 치중한 국책 사업이 대부분을 차지했다. 경기도는 하수관정비 및 지방하천 정비 사업 등이 주요 5대 국책 사업에 포함됐고 강원도는 원주~강릉, 춘천~속초 간 철도 사업이 주요 국책 사업으로 나타났다. 충북은 중부내륙선 보선 전철 사업에 무려 2조원이 지원되고 전남은 호남고속철도 건설 사업에 10조원을 투입할 예정이다.

5대 국책 사업이 사회간접자본에 쏠려 있는 곳은 재정자립도가 낮거나 높은 지역을 가리지 않고 거의 모든 지자체에 해당한다. 지방정부가 먹고살 길을 찾으려고 도로를 놓고 건물을 세우는 일을 멈추지 않고 있는 것이다. 경제 및 재정 전문가들은 하드웨어만 갖춘다고 해서 지역 경제가 살아날 것으로 보는 것은 오판이라고 지적한다.

대규모 혈세를 쏟아부어 건설된 하드웨어들이 쓸모없어지거나 오히려 지자체에 부담을 주는 일도 빈발하기 때문이다.

도태호 국토해양부 공공기관지방이전추진단 부단장은 "지방 균형 발전의 하나로 추진된 공공기관 이전이 순조롭게 진행되고 있고 이제 대부분이 완공을 앞두고 있다. 수도권의 공기업들이 대거 지방으로 분산됨에 따라 이들 기업의 건물들과 주변 도로 등 하드웨어 건설 계획은 마무리 단계"라며 "이제 지역은 이전된 공기업을 어떻게 활용하고 어떤 방식으로 지역에 흡수해 지역과 상생하는 방안을 찾아야 하는지 심도 있게 검토해야 할 때"라고 말했다.

그동안 정부가 공공기관 이전 계획에 따른 하드웨어 산업에만 치중했다면 앞으로는 이전된 공공기관이 지역의 문화로 자리 잡을 수 있도록 흡수하는 소프트웨어적 발상이 필요한 시점이라고 주장한다.

지방의 가장 큰 장점은 지역별 고유의 문화다. 이 문화를 기반으로 새로운 지역의 먹을거리를 충분히 개발할 수 있다는 주장이 탄력을 받고 있다.

그런 차원에서 각 지역의 5대 국책 사업 가운데 경북과 전북이 차세대 동력 사업으로 추진하는 사업이 눈에 띈다. 경북에 1천억원의 국비가 투입되는 3대 문화권 사업과 전북에서 1천600억원이 투입되는 국가 식품 클러스터 조성 사업이 그것이다. 3대 문화권 사업은 경북이 가진 문화와 역사를 복원해 글로벌 문화관광지로 발돋움하려는 경북도의 의지가 반영된 결과물이다.

전북의 식품클러스터 산업은 음식 문화가 발전한 남도의 문화를 개발 발전시키려고 추진한 사업이다. 대부분의 지자체가 5대 국책 사업으로 땅 파고 건물 짓는데 열을 올리는 동안 경북전남 두 지역은 차세대 성장 동력의 축으로 문화를 선택한 것이어서 중앙 정부는 물론 뒤늦게 벤치마킹하려는 주변 지자체들의 기대를 한몸에 받고 있다.

지방 문화를 살려야 한다는 주장에 대해 송언석 기획재정부 예산심의관은 "지역의 요구와 정부 정책 방향에 따라 정부 예산의 책정 한계는 있으나 지나치게 하드웨어 산업만 키우다 보면 지역의 경쟁력은 오히려 악화할 수 있다"며 "지방정부가 고유한 문화를 살리고 복지 등에 차별화한 시각을 갖고 신성장 동력을 발굴하지 않으면 정부 의존도만 높아져 결과적으로 자생력을 상실할 우려가 높다"고 말했다.

▌광역 경제 상생 모델 제시

윤상직(57) 산업통상자원부 장관은 부산과 대구, 경남북을 어우르는 영남권 발전 상생 모델을 제시했다. 영남권 전반에 걸친 산업 모델이 추진될 경우 그동안 구상 단계에 머물렀던 영남 남북권 초광역 상생 모델이 처음으로 추진되는 사례를 남긴다. 이와 함께 페놀 사건으로 불거진 낙동강 취수원 문제부터 최근에 불거진 남부권 신공항 입지 선정까지 대구—부산 간 갈등의 골도 사라질 것이란 희망석인 분석도 나오고 있다.

윤 장관은 최근 필자에게 "부산의 신발 산업과 대구의 신소재 섬유 산업이 결합된다면 세계적인 경쟁력을 갖게 될 것"이라며 "무봉제화 되어 가는 신발 제조 공정에 대구의 첨단 섬유 소재가 가장 적합하고 두 지역이 갖고 있는 인프라를 접목할 경우 산업적 시너지 효과는 매우 크다"고 강조했다.

그에 따르면 신발 산업의 최신 트렌드는 봉제를 하지 않는, 무봉제를 원칙으로 하기 때문에 이에 따른 적합한 소재 개발이 시급한 상황이다. 이 분야에 대구의 첨단 섬유 소재가 투입될 경우 국내 신발 산업 경쟁력 강화는 물론이고 수요가 확대돼 세계 시장 공략도 희망적이란 분석이다.

그는 섬유 산업과 관련 "국내 섬유 산업이 어려워지기 시작하면서 많은 기업들이 도산하거나 인건비가 싼 해외로 진출했다"며 "이 때문에 국내 남아 있던 섬유 회사는 대대적인 구조조정을 겪어야 했고 끊임없는 기술개발로 살아남기 위해 몸부림을 쳐 왔다. 이는 국내에 남아 있는 섬유사들이 세계적인 경쟁력을 구축할 수 있었던 결정적 이유"라고 설명했다.

경산이 고향인 윤 장관은 대구의 기업들에 눈독을 들이는 것은 대구가 섬유는 물론 패션 산업도 상당한 수준에 올랐다는 확신 때문이다. "대구 섬유업체들은 이미 뼈를 깎는 구조조정을 통해 이미 상당한 경쟁력을 갖춘 상태"라며 "특히 대구 동성로는 전국 패션 산업의 테스트 베드 역할을 훌륭히 수행하고 있다"고 말했다.

그의 이 같은 발언은 서울의 중견 패션업체 신성통상(염태순 회장)의 주장에 기인한다. 염 회장은 최근 윤 장관에게 "서울보다 대구의 패션이 훨씬 앞선다. 동성로가 하이패션의 본거지임을 아는 사람은 별로 없지만 우리 회사(신성통상)는 대구에서 성공한 패션 아이템을 서울로 들여와 톡톡히 재미를 보고 있다"며 "대구가 추진하던 컬러풀 도시 프로젝트가 결코 헛되지 않았던 것으로 확심하고 있다"고 전했다.

윤 장관은 대구—부산 간 섬유 산업 연계성을 위해 최근 노희찬 한국섬유산업협회장 겸 대구염색산업단지관리공단 이사장과 만나 협의했고, 이미 사업 성공 가능성에 대한 공감대를 형성한 것으로 알려졌다. 금명간 부산의 신발 업계 인사들과 만나 대구 섬유 관계자들과 MOU(양해각서)를 체결할 계획도 세웠다.

대구와 부산 간 산업 연계는 신발에만 머무르지 않다는 것이 윤 장관의 복안이다. 아시아 최대 영화제로 부상한 부산국제영화제와 대구의 섬유가 접목될 경우 더 큰 시너지 효과를 볼 수 있다고 생각하기 때문이다. "레드카펫을 통해 등장하는 국내외 스타들에게 대구의 첨단 의류 소재의 섬유가 제공될 경우 대구의 섬유 산업은 토털 패션 산업으로 급성장할 수 있다. 부산국제영화제는 대구의 패션 산업이 세계에 알려지는 더없이 좋은 기회가 될 것"이라고 강조했다.

▌ 조세 분권에 대한 조언

기획재정부에서 세금 문제 전문가를 꼽는다면 최영록(50) 조세기획관이 빠지지 않는다. 26년의 공직 기간 가운데 20년 이상을 세재(稅制) 분야에서만 근무했다. 1987년 총무처 행정사무관으로 공직을 시작한 그는 대구세무서, 북대구세무서 등 지역에서 실무를 익힌 뒤 본청으로 자리를 옮겨 법인세소득세조세정책 분야의 요직을 두루 거치면서 전문가가 됐다.

2011년 1년간 파견간 곳도 조세심판원(상임심판관)으로 세제분야와의 인연을 놓지 않았다. 조세심판원에서 경제협력개발기구(OECD) 내 조세정책을 다루는 재정위원회(CFA) 사무국(Bureau) 이사로 선임되기도 했다. 재정위원회에는 총 12명의 이사가 있는데 이 가운데 한 명으로 활동한 것.

CFA는 OECD 각료이사회 산하에 있는 24개의 전문위원회 중 하나로 모든 실무작업반의 주요 작업방향 및 예산 배정을 결정한다.

재정부의 주요 기능은 예산 배분과 세금 수급이다. 예산의 경우 배분 대상은 수혜자적 입장이지만 세금은 정반대이다. 세금 수급 대상들은 자기 재산을 뺏기는 기분이 들기 때문이다. 이 때문에 조세 전문가들에 대한 시선이 곱지만은 않다.

"국민의 피 같은 재산인 세금을 거둘 때 무엇보다 먼저 생각하는 문제는 형평성입니다. 국민과 기업 등 납세자 입장에서 제도의 의미와 타당성을 항상 재점검해 보고, 그래도 타당한지를 다시 한 번 실무진에서 검토합니다."

그는 형평성에 중심을 두고 검토에 검토를 거쳐 최적화한 세제를 만드는 것이야말로 세제 관련 공무원들의 역할이라고 했다.

그래도 세제 정책 수립은 많은 논란이 따른다. 정치권은 국민의 입장에서 '복지는 늘리고 세금은 줄이자'며 감시를 강화하는 추세지만 결국 세수의 밑받침 없는 복지는 불가능한 것이어서 이리저리 머리를 굴리며 지혜를 짜내는 곳은 세제 공무원들이다.

최 기획관은 "국가 전체 세수 가운데 지방세가 차지하는 비율은 4분의 1에 불과합니다. 이 때문에 중앙으로 들어온 세금은 다시 교부세 등을 통해 지방으로 내려갑니다. 이제 지방의 중앙정부 의존도를 줄이는 방안을 강구해야 합니다. 세수 문제에 있어서도 지방의 자생력을 확보해야 완전한 분권이 확립되지 않을까요?”

이를 위해 그는 올해 폐지 예정인 지방소비세 연장과 부가가치세를 지방으로 이전하는 방안 등을 다각도로 검토 중이다. 그는 “대구 등 지역 경제가 열악한 지역에서는 중앙정부 의존도를 높일 것인지, 교부세 비율을 늘릴 것인지 등 세수 정책의 기본 방향부터 명확히 해야 한다”고 강조했다.

최 기획관은 “1990년 북대구세무서에서 근무할 때 토지초과이득세 도입 시 주민들을 상대로 현장 행정의 어려움과 소통의 중요성을 실감하면서 항시 납세자의 입장에서 조세제도와 행정을 돌이켜보는 좋은 경험을 가졌다”고 했다. 당시 칠곡 지역이 지가급등 지역으로 선정되면서 사상 처음으로 토지초과이득세를 신설했는데, 이에 반발한 군민들이 사무실을 점거하고 거세게 항의해 곤욕을 치른 바 있다.

에필로그

보이지는 않지만

수년전 미국 보스턴에 위치한 하버드 대학에서 한 교수를 만났다. 한국인으로 당시 나이 38살이던 젊은 과학자였다. 로봇 공학에 선구적 역할을 한 덕분에 어린 나이에도 유명대학 강단에 설 수 있었다.

그에게 로봇의 개념을 다시 배웠다. 스타워즈의 R2D2 정도로 밖에 로봇에 대한 인식이 없던 나에게 그는 "생명공학과 재료공학 등을 모두 섭렵해야 훌륭한 로봇 과학자가 탄생한다"고 말했다. "코끼리 발목과 치타의 발목은 굵기가 다르다. 치타는 빠른 스피드를 유지하면서 재빠르게 방향을 틀어야 하기 때문에 발목이 가늘어야 하지만 코끼리는 그렇지 않다는 사실을 오랜 연구 끝에 알 수 있었다. 결국 치타 같은 로봇을 만들려면 발목 굵기 부터 연구해야 한다"는 설명이 이어졌다. "로봇을 만드는 재료 또한 사람이 일일이 강판을 변형해 만드는 것이고 대단히 정밀한 작업이라서 용접부터 절삭까지 모든 과정을 거쳐야 로봇이 탄생한다"고도 했다.

로봇은 과학자만 만드는 것이 아니었다. 현재 진행된 이학 연구 결과물들이 총체적으로 유기적 보완체계를 만들면서 그렇게 복잡하게 진행되고 있었다.

이 책을 쓰면서 경제도 마찬가지란 생각이 들었다. 책에는 산업, 마케팅, 유통과 식품산업 등 경제에 영향을 끼치는 적지 않은 내용을 담고 있다.

하지만 이 책 내용만 가지고 경제를 전망하기는 역부족이다. 경제란 지금도 복잡한 이해결과물들이 서로 얽혀져 살아 움직이는 듯 한 생명력을 보이고 있기 때문이다.

그래서 문화금융산업 등 어느 한 주체가 경제 문제를 대변할 수도 리드할 수도 없음을 이 책을 통해 깨닫게 됐다. 그저 우리가 하는 모든 일상은 유기적 복합체의 미세한 일부분이라는 생각이 들었다. 겸손해 졌다.

이떤 이들은 경제를 두고 '생물' 이라고 하고 또 다른 이들은 '심리' 라고 정의 내린다. 하지만 이 같은 일반적 정의는 너무 모호하다. 아담스미스 역시 '보이지 않는 손' 을 강조하면 시장 경제에 대해 설명하고 있으나 이 역시 '안 보인다' 는 모호함을 인정하고 있다.

있다면 인간의 한계를 뛰어넘는 신적 존재의 관여가 있을 것이다. 저자는 크리스천이다. 막연히 '보이지 않은 손' 이 아니라 '거대하면서도 섬세한 하나님의 손이 우리 경제에 강력하게 존재하고 있다' 는 생각이 마지막 책장을 덮은 순간까지 강하게 머리하는 이유는 왜 일까.

2013년 4월 20일 세종청사 프레스센터에서